Roberto Giannicola

Dalla ragione all'empatia

Affrontare le relazioni interpersonali
come opportunità di leadership

Prima Edizione Inglese, 2022

ISBN della versione Print Inglese 979-8-9857354-0-6

ISBN della versione E-Book Inglese 979-8-9857354-1-3

Traduzione Edizione Italiana, 2024

ISBN della versione Print Italiana 979-8-9857354-3-7

ISBN della versione E-Book Italiana 979-8-9857354-4-4

Giannicola Inc.

www.giannicola.com

You've Got Algorithm, But Can You Dance? ™ (Marchio Registrato)

Indice

Ringraziamenti

Molti dicono che, quando si ripensa al passato, il tempo vola. «Sembra ieri che mi sono laureato, trasferito, sposato, ho avuto un figlio» ti dicono. Per me non è così. Ho l'impressione che molti momenti della mia vita siano accaduti secoli fa. Ho attraversato così tante esperienze, luoghi e persone, e so che c'è voluto molto tempo per arrivare dove sono oggi. Per questo, la prima parte dei miei ringraziamenti e della mia gratitudine va a questi momenti di vita – alle molte persone e alle innumerevoli esperienze che mi hanno fatto diventare chi sono. Che tu lo sappia o no, che tu sia un amico di lunga data o qualcuno che ho incontrato solo di sfuggita, che tu sia stato divertente o una vera scocciatura, in qualche modo, hai contribuito alla mia trasformazione. Per questo, ti sono grato.

Un ringraziamento molto speciale va al mio caro amico Jürgen Möllers, fondatore di Storyzon (storyzon.com). La tua guida garbata durante questo viaggio è stata sempre perfetta. Mi hai aiutato a migliorare ogni capitolo. Hai messo in discussione le mie idee e mi hai spinto a rendere questo libro molto migliore. Va bene, lo ammetto, mi piaci davvero, e ti sono riconoscente per il supporto e l'amicizia.

Erik Campbell, sei un editor eccezionale. Hai colto la mia voce e l'hai arricchita, dove occorreva, di magia e di lustrini.

Un grazie anche ad Alessandra Patriarca per la revisione

della traduzione italiana: hai aggiunto la freschezza e il timbro speciale della lingua delle mie origini.

Grazie a tutti i primi recensori del libro. Mi avete dato un contributo prezioso e mi avete aiutato con le modifiche finali.

A mia figlia, Anna-Sofia: mi hai guidato e sostenuto in questo viaggio molto più di quanto credi. Sei un gioiello prezioso e ti voglio un mondo di bene. E grazie per avermi aiutato a progettare la copertina.

Robin Treasure, sei tu la ragione per cui ho scritto questo libro. Mi hai ispirato per tutto il tempo, e sono così felice e fortunato ad averti nella mia vita. Non vedo l'ora di scoprire cosa ci riservano le prossime pagine della nostra storia comune.

Eserciziario

In tutto il libro troverai riferimenti a del materiale aggiuntivo (in inglese) cui puoi accedere dal mio sito web, www.giannicola.com. Puoi scaricare gratuitamente un eserciziario che ti fornirà esempi, domande aggiuntive e modelli relativi ai temi affrontati nel libro.

Introduzione

C'è una vecchia storiella, che forse conosci.

Un uomo ha perso le chiavi. È mezzanotte, la corrente è saltata, e la casa è completamente al buio. Poiché non riesce a vedere nulla, decide di uscire a cercare le chiavi vicino al lampione all'angolo della strada.

Arriva il suo vicino, e gli chiede cosa stia succedendo.

«Ho perso le chiavi di casa» risponde l'uomo.

«Lascia che ti dia una mano» dice il vicino.

Dopo un po' gli domanda «Dov'è, esattamente, che hai perso le chiavi?»

«Beh, in casa, da qualche parte.»

«Cosa?» esclama il vicino. «E allora perché le stiamo cercando qui fuori?»

L'uomo lo guarda con aria sorpresa. «Perché non ha senso andare a tentoni in una casa completamente buia. La luce è qui fuori.»

Questa storia è significativa perché cattura una verità essenziale: quando affrontiamo una sfida, piuttosto che cercare nel posto in cui il problema si trova veramente, spesso guardiamo verso ciò che ci è più familiare, in un luogo dove possiamo usare i nostri strumenti abituali. Questo si verifica specialmente quando affrontiamo sfide emotive: spesso preferiamo ritirarci nel nostro io familiare piuttosto che addentrarci nel "buio" dell'ignoto.

Io lo so. Nei miei primi anni, ho passato troppo tempo a gattonare intorno ai lampioni. E oggi, nel mio lavoro di leadership coach, avendo lavorato con centinaia di manager ed executive di primarie aziende, incontro tante persone che cercano le chiavi nel vialetto fuori casa, credendo di trovare soluzioni all'esterno piuttosto che all'interno.

Ho capito che c'è una fondamentale differenza che separa coloro che eccellono nella leadership dagli altri: i leader eccezionali sanno come navigare le sfide sociali ed emotive delle loro interazioni quotidiane con facilità e fluidità. Questa capacità non è il risultato di una maggiore conoscenza dei fatti o di un insieme specifico di regole esterne. Piuttosto, scaturisce naturalmente da una mentalità in cui trovano spazio esperienza, comprensione ed empatia. Una mentalità che si basa sull'auto-osservazione onesta e resa possibile dalla volontà di cambiare.

Una delle prime cose che dico ai miei clienti è che non c'è nulla che io insegni o faciliti che non abbia sperimentato personalmente. Sì, ero quel ragazzo che sapeva comprendere gli algoritmi, sviluppare software e gestire progetti complessi. Eppure, dal punto di vista interpersonale ero un disastro. Testardo, rigido e impacciato, ero terribilmente incapace di gestire le mie emozioni.

Così ho intrapreso un viaggio di sviluppo individuale. Le mie maggiori risorse erano la curiosità e la determinazione. Volevo davvero capire cosa mi servisse per sentirmi a mio agio nei diversi contesti sociali. Volevo essere libero – o almeno più libero – con maggiore fiducia in me stesso e più in sintonia con gli altri. Volevo accogliere con disponibilità i suggerimenti e imparare a esercitare la mia influenza con rispetto ed empatia.

I miei primi passi incerti di auto-scoperta mi hanno indirizzato lungo un percorso che mi ha portato dove sono oggi: aiutare le persone a raggiungere ciò che desiderano e facilitare la loro crescita personale. Da più di dieci anni, guido i leader di vari settori d'industria a identificare meglio le sfide fondamentali nella loro vita e a imparare come superarle con fiducia. È davvero motivante osservare delle persone di valore quando decidono di affrontare una sfida e osano essere se stesse.

Quando ci capita di fallire, una reazione tipica è quella di tuffarci a capofitto in una nuova relazione o in un nuovo lavoro, senza prenderci il tempo di capire i motivi di quel fallimento. A volte invece, più semplicemente, incolpiamo gli altri. Insomma, facciamo di tutto per rimanere vicino al nostro lampione, perché siamo convinti di aver bisogno della luce esterna per guidarci. Senza quella luce, pensiamo, saremmo incapaci di vedere.

Molti di noi sono abituati a risolvere problemi complessi attraverso la tecnologia e i computer. Scriviamo algoritmi e righe di codice, e progettiamo dei bei diagrammi. Ma quando si tratta di tematiche meno tangibili, come la comunicazione, le caratteristiche individuali e i comportamenti, ci perdiamo. Per strada.

Se vuoi ottenere una promozione, aumentare la tua capacità di guadagno, influenzare le persone e diventare un leader ammirato, le conoscenze tecniche e i titoli di studio possono aiutare solo fino a un certo punto. Per avanzare ulteriormente, serve un complesso di competenze diverse: abbiamo bisogno di autoconsapevolezza e della capacità di connetterci con le persone. Dobbiamo essere coraggiosi, dare un'occhiata dentro noi stessi, e trovare la nostra luce.

In breve, abbiamo bisogno di intelligenza emotiva.

Fortunatamente, possiamo tutti realizzare questo cambiamento; lo so, si tratta di una vera sfida, ma è alla tua portata. È come imparare a ballare. Sentiamo e percepiamo la musica, immaginiamo i passi, ma dobbiamo imparare a mettere tutto in movimento, un passo dopo l'altro. E come si fa? ti domanderai...

La prima cosa è capire che cosa ci trattiene e limita la nostra fiducia e il nostro atteggiamento. Poi dobbiamo ascoltare il ritmo, imparare i passi e praticarli finché non diventiamo fluidi nei movimenti. A questo punto, possiamo cominciare a ballare con un partner. La passione e l'impegno ci permetteranno, un po' alla volta, di padroneggiare i nostri movimenti e infine saremo in grado di creare la nostra danza autentica, con carisma, stile e sicurezza.

Il mio viaggio personale non è stato facile. Ho imparato a mie spese quanto impegno, curiosità e coraggio siano necessari per l'auto-trasformazione. Ma credo fermamente che non ci siano alternative valide. Se non vuoi intraprendere il viaggio, se continui a cercare le chiavi intorno ai lampioni, potresti finire per morire con la musica ancora dentro di te, come ha detto Wayne Dyer. Ma se inizi a guardare dentro di te con curiosità e compassione, posso prometterti, sarai in grado di raggiungere il tuo potenziale ed esprimerti pienamente.

Allora, cosa ne pensi? Sei pronto ad intraprendere questo viaggio di scoperta e crescita?

Parte 1

Capita a tutti: quando diventi esperto in un campo specifico, ti convinci che l'esperienza professionale e i risultati siano le uniche cose che contano. In fin dei conti, quello che serve è portare a termine il lavoro, non è così?

Sì, certo, è importante, ma non ti è mai mancato qualcosa? Muoverti meglio in certi contesti sociali, per esempio, capire più in profondità le persone e sentirti più rilassato e sicuro di te invece di sentirti impacciato o fuori posto?

Padroneggiare quest'abilità è come imparare una forma d'arte, richiede autoconsapevolezza e onestà. Se non comprendiamo le nostre emozioni, le forze che possiamo mettere in gioco e le diverse risposte che abbiamo a disposizione, siamo destinati a ripetere gli stessi errori creando tensioni nelle nostre interazioni.

Per fortuna, si può imparare a prestare attenzione alle emozioni e percezioni, e a come influiscono sull'ambiente e sulle relazioni. Se saprai riconoscere e accettare il tuo valore personale, potrai col tempo mettere a tacere i tuoi sabotatori interni e la necessità di validazione esterna. Pensaci: saprai meglio guidare e ispirare le persone, avanzare nella tua crescita personale e raggiungere i tuoi obiettivi. Non sarebbe fantastico?

Capitolo 1

Un presuntuoso fifone

La gran parte dei giorni è esattamente come tutti gli altri: insignificante, opaca e spesso da dimenticare. Ma a volte, soprattutto se sei abbastanza lucido da riconoscerli, ci sono dei momenti che fanno risaltare una giornata come se fosse speciale.

Ho vissuto uno di questi momenti proprio all'inizio della mia carriera, quando mi sono trovato in una sala riunioni con un gruppo di manager e direttori, per discutere lo sviluppo di un'applicazione di software finanziario per una grande banca californiana.

Lavoravo lì come consulente da più di sei mesi, e i miei superiori stavano valutando la possibilità di darmi il ruolo di responsabile per lo sviluppo e la gestione dell'applicazione. La riunione aveva l'obiettivo di fornire agli investitori un'idea di come intendevo progettarla, che tipo di analisi avrei svolto e quali fossero le difficoltà che prevedevo di incontrare.

Mi avevano avvertito che tra i partecipanti ci sarebbe stato non solo il mio capo, ma anche il capo del mio capo e il responsabile del dipartimento. Ebbene, non avevo certo problemi a rivolgermi al mio capo, ma non mi aspettavo addirittura tre livelli di management, e quella prospettiva mi provocava un bel po' di ansia. Una sfilza di ipotesi, la maggior parte delle quali decisamente negative, avevano cominciato a travolgermi: E se mi avessero fatto delle domande cui non sapevo rispondere? Ero in grado di gestire quella responsabilità? O ero un impostore? E, se ero un impostore, se ne sarebbero accorti? Sentivo che il disagio prendeva il sopravvento.

Il mio capo mi aveva chiamato qualche giorno prima per avvertirmi che, anche se di solito ci vestivamo in modo informale, per quella riunione sarebbe stato appropriato un abbigliamento un po' più formale. Beh, almeno *questo* sarebbe stato facile, pensai; avrei indossato un blazer dal motivo scozzese giallo e blu, acquistato durante le vacanze in Italia. Ero certo che avrebbe sottolineato l'importanza che la riunione aveva per me. E quella giacca in tweed di cotone, dall'elegante linea italiana, sinonimo di stile e ingegno, era proprio come me.

Già mi sentivo meglio.

Arrivò il grande giorno. Ero un po' nervoso, ma mi sentivo pronto per la sfida.

Mi ero assicurato di uscire di casa in anticipo. Il traffico di San Francisco può essere imprevedibile, e anche i mezzi pubblici. Sono salito sull'autobus, ho mostrato il biglietto all'autista e mi sono incamminato lungo il corridoio centrale, verso il fondo. Alcuni passeggeri, abituati a vedermi in jeans e camiciola, mi guardavano e sorridevano. Mi dispiacque un po' che la brunetta carina, che di solito sedeva in terza fila, quel giorno non ci fosse. Di certo mi avrebbe trasmesso un po' di coraggio. Magari avrebbe pensato che fossi fantastico. Europeo in modo davvero misterioso e sconvolgente.

Sono sceso alla mia fermata e ho camminato per alcuni isolati lungo Montgomery Street, l'arteria principale che attraversa il quartiere finanziario di San Francisco. Ormai mi sentivo piuttosto sicuro di me. Anche se, ripensandoci, la parola che meglio mi rappresentava, mentre incedevo solenne verso l'ufficio nella mia giacca vistosa, era "presuntuoso".

La riunione era programmata per le dieci. La sala riunioni era proprio nel mezzo del piano: senza finestre, calda e soffocante. Impossibile ignorare le reazioni dei presenti quando mi videro con quel blazer davvero appariscente. Sentii un'ondata di calore invadermi. Scelsi un posto all'ampio tavolo e mi sedetti.

Eric, il mio capo, mi accolse, e anche tutti gli altri mi rivolsero dei sorrisi amichevoli. Mentre prendevo dalla cartellina i documenti e i progetti, mi sudavano le mani (ben presto, anche tutte le carte si sarebbero bagnate). Eric spiegò la proposta a grandi linee e poi presentò ogni persona nella stanza. Poi indicò me e disse: «Ora Roberto ci descriverà quello che ha concepito per lo sviluppo di questa applicazione.»

Così, ho cominciato a parlare. Ho descritto il mio progetto e le tempistiche. Ho condiviso i requisiti e spiegato chi sarebbe stato coinvolto nel progetto. Il mio tono era convinto e centrato sull'argomento. Io stesso mi sentivo competente e preparato. Avevo la responsabilità, avevo il controllo. Stava andando bene.

Quando ho finito di presentare il mio piano perfetto e ineccepibile, hanno cominciato a farmi le domande, parecchie domande; anzi, un torrente in piena di domande. O almeno, così mi sono sentito.

Solo anni dopo avrei capito che, in quella riunione, era cambiato tutto nel momento esatto in cui ho sentito di non avere più in mano la situazione.

Le persone erano cortesi e interessate a conoscere i vari aspetti del progetto, ma dentro di me sospettavo che dubitassero della mia competenza. Quando mi chiesero dettagli sulla tempistica, per esempio, mi convinsi che mettessero in dubbio la mia capacità di rispettare le scadenze e così, con il mio accento italiano e un tono sgradevolmente brusco, risposi «Non preoccupatevi, sarà fatto.»

Poi precisai che avrebbero dovuto darmi accesso a tutti i dati o il progetto non avrebbe rispettato i tempi. E quando mi chiesero cosa avrei fatto se ci fosse stato un ritardo nel fornirmi l'accesso, mi appoggiai allo schienale, incrociai le braccia in modo difensivo e risposi qualcosa del tipo «Beh, siete voi a dover fare la vostra parte. Spero che non vorrete dare la colpa a me se il progetto rimane indietro.» E questa, inutile dirlo, non era esattamente la risposta più intelligente da dare.

Più erano le domande, e più mi sentivo giudicato, messo all'angolo e, di conseguenza, in pericolo: la tipica reazione combatti o scappa. Invece di riconoscere le loro preoccupazioni, imponevo la mia visione dei fatti; anzi, gliela gettavo addosso come una pesante e ruvida coperta. «Questo è il modo migliore per affrontare i problemi, fornire soluzioni, affrontare le persone e le situazioni.»

Andavo avanti e avanti. A malapena ascoltavo e, invece di comunicare con la mia platea, *raccontavo* loro la mia realtà. Stava andando male.

In questa dinamica, mi si alzava il tono e si strozzava la gola. Sembrava un'interrogazione e io ero sempre più sulla difensiva. Resistevo a quello che interpretavo come un attacco alla mia capacità e identità.

La verità era, ovviamente, che nessuno mi stava attaccando. Volevano solo capire meglio il mio piano, ottenere maggiori dettagli e discutere eventuali imprevisti. A dire il vero, erano piuttosto gentili e attenti. E comunque, io mi sentivo incompreso, attaccato dal punto di vista personale e professionale, e di conseguenza reagivo come se fossi oggetto di un'aggressione.

Ora della fine, sembravo un enorme furibondo toro nell'arena, che sputava vapore dal suo grosso naso. Al contempo, dentro di me stavo andando in pezzi. Erano trascorsi più o meno venti minuti quando Eric finalmente alzò le mani a forma di T, mi guardò e disse «Roberto, perché adesso non facciamo una pausa?» Poi sorrise e continuò: «Che ne dici di toglierti la giacca?»

Gocce di sudore mi colavano dalla fronte. Sorrisi nervosamente e lo ringraziai per averlo chiesto. Quando mi tolsi la giacca, la camicia azzurra era impregnata di sudore sul petto, all'interno delle maniche e lungo la schiena.

Quando ricominciò la riunione, notai che i presenti si mordevano le labbra ed esibivano sorrisi innaturali. Io ero ancora più imbarazzato di loro, e lo sapevano. Quell'italiano presuntuoso e impulsivo si era trovato di fronte a delle circostanze per le quali non era preparato.

La riunione si concluse e, nonostante la mia prestazione

traballante, mi diedero luce verde per il progetto. Mentre la gente lasciava la sala conferenze, raccolsi i documenti, slacciai il colletto della camicia e presi qualche tovagliolo di carta per asciugarmi la fronte. Eric sorrise e mi ringraziò. «Non vedo l'ora di vedere come andrà a finire» disse. «E comunque te la cavi proprio bene in ambito tecnologico.»

Sì, in quello me la cavavo proprio bene. Sapevo quali interfacce sviluppare, che sistema per il controllo di gestione avrei creato per loro, perfino le righe di codice che avrei dovuto scrivere. Ma quello che non sapevo, mi resi conto in quel momento, era l'aspetto *umano*. Quella era un'interfaccia completamente diversa, e la più complicata e frustrante da comprendere.

Quella fu una delle prime e più importanti occasioni in cui il mondo mi prese a schiaffi. E mi gettò in faccia, a me e alla mia giacca chiassosa e alla camicia fradicia di sudore, la dura verità dei fatti: nonostante la mia abilità tecnica e la mente razionale, quell'io insolente e arrogante non sarebbe stato sufficiente a sostenermi nel mondo aziendale e nella carriera.

Quel momento è stato l'inizio del viaggio che mi ha permesso di capire che fino ad allora mi ero nascosto, sotto il naso di tutti, per la maggior parte della vita. Per quanto fossi bravo a risolvere problemi, sulla carta o nascosto dietro al mio monitor, usando un approccio ben organizzato, guardando ai problemi e offrendo soluzioni, avevo accuratamente evitato le esperienze che potevano crearmi tensione emotiva e disagio.

Sapevo come considerare alternative o possibili deviazioni e digressioni, e avevo allenato la mente a prendere in considerazione diverse prospettive. Ero un maestro nell'analizzare, eliminare o includere possibilità. Per me, si trattava di attività semplici, quasi banali. Ma ciò che non potevo controllare e non capivo era il pozzo profondo e complicato dentro di me, il sottotesto mentale ed emotivo e le complessità di ciò che, invece, ci rende umani.

Avevo competenze tecniche fino all'eccesso, avevo una enorme quantità di conoscenza, ma mancavo di intelligenza emotiva.

Gli scienziati hanno scoperto che il nostro livello di intelligenza emotiva è legato per il 10% alla genetica, mentre il restante 90% è lasciato a noi (cioè, 10% natura, 90% educazione e ambiente). La capacità di affrontare questioni emotive è influenzata principalmente dal modo in cui siamo stati cresciuti, dalla cultura in cui siamo nati, e dalla famiglia, dalle persone, dai segni, dalle canzoni e dai simboli che abbiamo avuto intorno.

Ma non è tutto. "Crescere" implica anche il desiderio consapevole e lo sforzo che mettiamo nel riconoscere ciò che ci sta accadendo e ciò che vogliamo fare al riguardo. Per la maggior parte della mia vita, mi sono concentrato su questioni esterne, superficiali: come apparivo agli altri e come gli altri apparivano a me. Ma non mi sono mai preso davvero il tempo per capire... figuriamoci se ho cercato di considerare in modo spassionato quello che stava succedendo *dentro* di me e il perché certi eventi e situazioni mi scatenavano certe reazioni.

Se qualcosa era comodo o divertente, lo facevo. Pronti! Fuoco! Mirare! pensavo. Abbracciavo il divertimento e il riconoscimento, senza molta considerazione per come i miei pensieri e azioni influenzavano gli altri. Avevo richieste e aspettative, con zero responsabilità.

Quindi, date le mie inclinazioni naturali e il mio narcisismo generale, se qualcuno faceva qualcosa che mi toccava o mi dava fastidio, mi scocciavo moltissimo, reagivo e glielo facevo sapere in termini inequivocabili. Era facile per me incolpare gli altri quando non potevo affrontare i miei stessi errori, offendermi se mi rimproveravano, e rispondere male quando la conversazione non era allineata con il mio punto di vista.

Riesci a individuare il denominatore comune? Ero unicamente concentrato su di me. Ero difensivo e irragionevole, perché era l'unico modo che conoscevo per proteggere il mio ego malsano e mai messo in discussione. Tutti abbiamo attraversato esperienze e rivelazioni simili; è così che cresciamo, come esseri umani. Ma la pienezza dell'"*essere* umano" è proprio intraprendere il processo per diventare umani. E si tratta, lasciatemelo dire, di incrinare e rompere un guscio davvero resistente. Non avevo idea di quanto lo fosse.

La mia ostinazione generale derivava dal non affrontare le mie "cose" interiori. Gestire e capire le mie emozioni era difficile, quindi, ovviamente, tendevo a prendere la strada più facile. Le tenevo chiuse a chiave o le esprimevo in modi dannosi.

Nel complesso, ho fatto quello che molti di noi fanno. Mancavo di coraggio e non mi preoccupavo di guardarmi allo specchio per riconoscere la mia merda e lavorarci sopra.

Allora non lo sapevo, ma adesso ne sono consapevole. A quel tempo ero solo un presuntuoso fifone, e la mia vigliaccheria arrogante era come la mia sgargiante giacca italiana: era appariscente e non mi stava bene addosso. Solo che non lo sapevo.

Anche se ho ottenuto il contratto, quella riunione si è rivelata fatale. È stata un disastro personale in quanto le mie emozioni si sono scatenate in modo evidente, e anche perché non avevo degli strumenti adeguati ad affrontarle. La tensione che ho sentito era un tira e molla tra la mia spinta personale a fornire un'eccellente presentazione (arroganza) e il bozzolo di sicurezza che avevo creato attorno a me per evitare qualsiasi accenno di disagio emotivo (vigliaccheria).

Purtroppo, l'unico modo che conoscevo per tirarmi fuori da situazioni complicate era mettermi al computer, scrivere belle righe di codice e sviluppare diagrammi ben architettati. Ma se si trattava di qualcosa di imprevedibile come gli esseri umani, con le loro emozioni e i loro aspetti intricati, stratificati e multiformi di comunicazione, comportamenti e personalità, beh, ero del tutto spiazzato.

Avevo molto da imparare, e per prima cosa occorreva esplorare e mettere in discussione i problemi più profondamente radicati. Col tempo mi sono reso conto che gli stessi problemi continuavano a comparire in diverse aree della mia vita, finché non ho più potuto far finta di non vedere la verità. Datti una regolata, mi sono finalmente detto, e prova a essere onesto con te stesso, anche se non sai ancora come muoverti.

Quando vogliamo scalare il mondo, cerchiamo l'approvazione delle persone intorno a noi e in particolare di quelle sopra di noi. Questa è un'aspirazione perfettamente normale, poiché tendiamo a guardare ai nostri colleghi, ma soprattutto ai superiori e a chi ha maggiore esperienza, come guide per il nostro futuro e modelli di successo.

Ma quando cerchiamo l'approvazione degli altri, ci sottoponiamo anche naturalmente alla loro disapprovazione. La paura di perdere il sostegno o il favore dei nostri superiori, coetanei o stakeholder può essere schiacciante e spesso scoraggiante.

Sapevo che la mia trasformazione personale avrebbe richiesto il coraggio di affrontare ciò che mi metteva in difficoltà e che avrebbe avuto inizio proprio dalla consapevolezza di quel disagio. Stare nascosto per evitare i disagi non era più una delle scelte percorribili. Quante volte ancora ero disposto a vivere momenti imbarazzanti come questo? E quante altre camicie avrei dovuto sudare, in senso letterale e figurato?

La tensione che provavo si verificava spesso nelle interazioni sociali, situazioni in cui mi interessava di più sentirmi al sicuro, invece di essere sincero e attivo. Avevo una tale paura di essere considerato poco interessante e di valore che mi chiedevo quanto avrei dovuto far sapere di me. Avrebbero giudicato me e il mio lavoro? Cosa avrebbero pensato di me se avessi parlato e contraddetto gli altri? Questi momenti erano estremamente impegnativi e frustranti. La tensione mi faceva sudare e scatenava reazioni, emozioni e comportamenti, la maggior parte dei quali hai senza dubbio sperimentato in prima persona e/o osservato negli altri, come:

• sorridere nervosamente
• essere vaghi
• cambiare argomento
• evitare il contatto visivo
• borbottare
• respirare a fatica
• scusarsi costantemente

- battito cardiaco accelerato
- chiudersi
- non ascoltare
- sentirsi irritabili
- procrastinare
- essere passivi-aggressivi
- giudicare gli altri
- giudicare se stessi
- essere sulle difensive
- essere aggressivi
- pensare negativamente
- essere preoccupati
- scherzare/essere sarcastici

Tutte queste reazioni forniscono protezione emotiva. E ti domandi se lo sforzo dell'impegno sociale valga il disagio che si porta dietro. Così, tendi a rimanere nell'ambito delle cose che conosci: un terreno in cui – qualunque esso sia – ti senti pienamente capace e in controllo. In pratica, resti agganciato alla tua identità, e continui a ricadervi perché ti dà l'impressione di essere al sicuro, almeno a breve termine.

Tuttavia, queste manovre protettive ci impediscono di esprimere come ci sentiamo veramente e perseveriamo nel mantenere nascosto il nostro vero io. Ci sentiamo paralizzati e intimiditi, ci nascondiamo nel nostro angolino (proprio come ho fatto io in quella sala riunioni) e siamo incapaci di esprimere il nostro pieno potenziale. Quando sentiamo la necessità di proteggerci, è impossibile impegnarci pienamente nella vita.

Oggigiorno, la tecnologia rende ancora più facile per noi evitare di affrontare le nostre emozioni e quelle degli altri. Ho fatto coaching a molti ingegneri e manager, e ne ricordo uno in particolare, che mi ha detto che le persone non erano contente di come si comportava con i suoi pari grado. Dicevano che era brusco e mancava di competenze comunicative. Si erano lamentati con le Risorse Umane e avevano chiesto che gli imponessero di fare qualcosa per il suo atteggiamento aggressivo, prima che influenzasse tutto il team.

Gli ho domandato come fosse il suo modo di esprimersi.

«Oh, posso farti un esempio di quello che intendono» mi ha detto. E poi, con mia grande preoccupazione, ha preso il cellulare. «Ti faccio vedere lo scambio di messaggi che abbiamo avuto.»

L'ho interrotto e gli ho chiesto di parlarmi delle sue conversazioni, intendendo con questo le vere interazioni, i contatti interpersonali.

«Quando è stata l'ultima volta che vi siete parlati di persona, tu e X, e com'è andata?» gli ho domandato.

Mi ha guardato sbalordito. «Non abbiamo quasi mai delle conversazioni dal vivo» ha risposto. «Il 90% degli scambi avviene attraverso la nostra piattaforma di messaggistica.»

Dal tono della voce ho capito chiaramente che non vedeva alcun collegamento tra i suoi problemi e la sua mancanza di comunicazione dal vivo.

Purtroppo, oggigiorno, questa è la norma, ed è una malattia diffusa. Le piattaforme di chat e la posta elettronica permettono di inviare messaggi privi di qualsiasi sfumatura sociale ed emotiva e, pur trattandosi di un modello di comunicazione molto efficiente, è una modalità che induce a replicare l'approccio "vigliacco" di restare nel proprio bozzolo e non prendersi rischi. Spesso, se un destinatario fraintende qualcosa, si dà la colpa alla brevità e alle limitazioni tecnologiche: una scusa conveniente per celare quella che, in realtà, è solo una cattiva comunicazione.

Il problema, ovviamente, non è il mezzo stesso; il problema è che la tecnologia permette alle persone di rimanere nascoste dietro una maschera (che è un muro portatile). Nella sicurezza della nostra zona di comfort, possiamo sentirci orgogliosi di quanto siamo intelligenti, efficienti e superiori. Tuttavia, rimaniamo ciechi al malcontento che cresce ogni giorno.

Per uscire dal nostro bozzolo, dobbiamo correre rischi, guardarci allo specchio e vedere la nostra merda per quello che è. Non possiamo credere di poter programmare in questo modo un percorso di carriera e una vita di successo. Le nostre competenze tecniche ci porteranno solo a metà strada. I tuoi algoritmi possono farti entrare dalla porta, ma, una volta dentro, i progressi e la carriera avranno più a che fare con il tuo atteggiamento che con il tuo senso per gli affari.

Se, tuttavia, avrai il coraggio di lavorare su te stesso e sul tuo comportamento, noterai che non solo cambierai come persona, ma tutto intorno a te cambierà. Ho imparato dalla mia esperienza che possiamo sfruttare le nostre attuali capacità di risoluzione dei problemi e usarle come modello per lavorare con gli altri.

Quando sviluppi programmi, ad esempio, è probabile che tu sia del tutto concentrato. Puoi usare quella stessa capacità per essere presente e focalizzato quando interagisci con gli altri. Immagino che tu abbia una buona dose di fiducia in te stesso, se hai dimostrato di poter superare delle sfide intellettualmente importanti, di cui altri sarebbero stati intimiditi. Hai un talento nel visualizzare problemi e soluzioni, sai come rendere un processo più efficiente, e distillare anche i sistemi più astratti e contorti in un modello comprensibile. Queste sono tutte competenze che puoi usare per ottimizzare il tuo "sistema": per trasformarti in un leader che sa ispirare gli altri.

Per più di quindici anni ho lavorato nello sviluppo software, occupandomi di database di piccole e grandi dimensioni in società finanziarie, ho gestito progetti dalla fase iniziale alla conclusione, ho sviluppato applicazioni, programmato e parlato di tecnologia. Ho trascorso innumerevoli ore dietro uno schermo alla ricerca di errori nel codice, creato diagrammi nonché addestrato e interagito con gli utenti finali e gli stakeholder. Solo in seguito ho capito che ciò di cui avevo davvero bisogno per eccellere nel mio lavoro era una comprensione più profonda del lato umano dell'azienda: a quel punto, ho cominciato a interessarmi ai comportamenti delle persone, oltre che agli aspetti tecnici. È allora che ho iniziato a trovare dei parallelismi tra l'uso della logica e della programmazione e la comprensione delle esigenze degli utenti finali. In anni di lavoro con altre "menti tecniche", ho notato che la maggior parte di loro, come me, era ispirata da:

- il desiderio di aiutare le persone
- l'impegno nel risolvere problemi
- l'utilizzo della mentalità imprenditoriale per trovare soluzioni ai problemi
- la perseveranza nella ricerca degli errori nel codice
- l'entusiasmo e la passione nel migliorare costantemente il funzionamento delle cose
- l'uso della creatività per trovare soluzioni innovative

- la pianificazione strategica
- la capacità di usare il flusso logico dei pensieri per comprendere fatti o arrivare a conclusioni
- la concentrazione e la presenza sul campo
- la ricerca e il pensiero critico basati su fatti e dati

Quando ero adolescente in Svizzera, andavo nelle officine meccaniche dopo l'orario di lavoro, frugando tra gli scarti e nei contenitori di pezzi di auto usate. Mi piaceva smontare le parti dell'auto per vedere come funzionavano. Da bambino, avevo fatto la stessa cosa con i miei giocattoli. Certo, non ero un granché nel rimetterli insieme, ma mi piaceva la sfida. Dentro di me, e probabilmente anche in te, c'era sempre quel desiderio innato e intrinseco di capire come funzionassero le cose. Il processo di scoperta, la risoluzione dei problemi e l'acquisizione di conoscenza mi affascinavano. Volevo capire e creare qualcosa di nuovo.

Oggi, quella spinta dentro di me è viva come lo era allora. La differenza è che mi sono spostato verso le interazioni sociali, le persone e le conversazioni. Le persone mi affascinano, e studio il tono di voce, il linguaggio del corpo, la comunicazione - tutte le diverse componenti che rendono le interazioni e i loro risultati così complessi e avvincenti.

Se ci prendiamo il tempo necessario per guardare dentro di noi, per riconoscere quello che ci succede e per capire come le nostre azioni e il nostro ambiente siano strettamente interconnessi, possiamo usare questa conoscenza per trasformare noi stessi e il modo in cui viviamo.

Molti libri parlano di intelligenza emotiva. Tutti condividono i cinque elementi fondamentali che Daniel Goleman ha presentato nel suo libro del 1995: *Intelligenza emotiva: perché può essere più importante del QI*:

1. **Conoscere le proprie emozioni.** Si tratta di guardare dentro di sé, essere a proprio agio con ciò che si vede e comprenderlo.
2. **Gestire adeguatamente queste emozioni.** Quando sai cosa sta succedendo, puoi controllare cosa farne.
3. **Motivare se stessi e usare le proprie emozioni per raggiungere un obiettivo.** Come scegliere di sfruttare le emozioni a tuo vantaggio.
4. **Riconoscere le emozioni negli altri.** Attraverso l'empatia, comprendi meglio gli altri e ti adatti di conseguenza.
5. **Gestire le relazioni.** Ora hai le competenze per gestire le emozioni altrui in contesti sociali.

Alcune domande da porsi:

- Che cosa ti ha spinto a prendere questo libro?
- Qual è il tuo bozzolo personale?
- Quali sono alcune delle cose che ti coinvolgono emotivamente?

Capitolo 2

Cosa significa muoversi con disinvoltura nei contesti sociali?

"La vita è semplice. Ogni cosa accade per te, non contro di te. Tutto avviene esattamente nel momento giusto, né troppo presto né troppo tardi. Non deve piacerti... ma se ti piace, tutto diventa più facile." —*Byron Katie*

All'inizio degli anni '90, dopo essermi trasferito dall'Europa nella Bay Area di San Francisco, sviluppai un profondo interesse per tutto ciò che era legato all'auto-miglioramento: dai libri che parlavano delle energie guaritrici dell'universo del paranormale, alle pratiche fisiche ed emotive che promettevano di aiutarci a diventare "persone migliori". Scherzavo sul fatto che, se qualcuno fosse entrato nel mio appartamento e avesse visto tutti quei libri di auto-aiuto sugli scaffali, avrebbe potuto chiedersi di quanto supporto avessi bisogno. Quando giravo tra le file degli scaffali di self-help di una libreria, mi sentivo spesso a disagio e alla cassa temevo che il commesso mi giudicasse. Anche quando leggevo uno di quei libri in un caffè, mi assicuravo sempre di nascondere la copertina il più possibile (toglievo sempre la sopraccoperta, se il libro era rilegato).

«Sta leggendo un libro di auto-aiuto» immaginavo pensassero gli altri. «Chissà cosa c'è in lui che non va?»

Bene, questo era un modo di vedere le cose; di certo avevo bisogno di migliorare. Un altro motivo per cui questi libri mi affascinavano era la consapevolezza che in noi ci fosse qualcosa di più, oltre alle quotidiane banali esperienze. Che ci dovesse essere qualcosa di più profondo da comprendere riguardo al mondo e, più importante ancora, su noi stessi.

Qualunque cosa fosse, sapevo che non l'avrei trovata nei libri di programmazione e tecnologia. Dovevo rivolgermi a delle fonti più profonde. Così esploravo argomenti quali le cause e i sintomi di malattie o comportamenti, lo sviluppo dell'intuito, i chakra, la meditazione, la legge dell'attrazione: insomma, qualsiasi cosa riguardasse la spiritualità. A un certo punto, ho avuto persino un pendolo, anche se penso di averlo gettato via circa un mese dopo: dopotutto, non volevo finire a vivere in una yurta, osservando cristalli. Volevo applicare le mie conoscenze in modi pratici.

La maggior parte degli autori che leggevo avevano prospettive sagge e informate sull'approccio alla vita e alla comprensione del comportamento umano, specialmente quando si affrontavano situazioni difficili. Ero affamato della loro conoscenza e delle loro idee; quello che offrivano risuonava profondamente in me. Ma – e sì, c'era un "ma" – ben presto mi resi conto che era facile parlare di queste cose, mentre applicarle era tutta un'altra faccenda. Quella fase era, infatti, fonte di frustrazione e avvilimento.

Ma questa gente passava davvero tutta la giornata seduta in una caverna a meditare? È molto più facile essere un santo sulla montagna che – come ha scritto Bruce Springsteen "un santo in città".

Non vivo in una caverna o in un monastero o in cima a una montagna, volevo urlare a questi scrittori di libri e manuali. Vivo in una città, lavoro, pago le tasse, devo prendere l'autobus e gestire relazioni. Cerco di farmi strada nella vita e costruirmi una carriera, con tutte le sfide che persone come me affrontano ogni giorno. Quasi quotidianamente, mi scontravo con problemi e dilemmi che non potevano essere risolti con una bella citazione da *La strada dentro di noi* o *Il libro dello Zen*.

Per lo più, leggevo questi libri nel chiuso della mia stanza. Non avevo un coach o le giuste persone che potessero aiutarmi, anche perché – soprattutto nel mondo della tecnologia – non era poi così ben visto il mio approccio un po' fuori di testa all'auto-aiuto. Come tanti altri, non mi sentivo a mio agio nel condividere quello che mi stava succedendo e credevo comunque di essere abbastanza forte da gestire questa trasformazione da solo.

Quindi continuavo a fare ciò che facevo e la vita continuava a mostrarmi che, beh, non stava funzionando. Continuavo a trovarmi in situazioni che mi facevano sentire fuori luogo e in imbarazzo, ancora una volta intrappolato in quella metaforica sala riunioni, con le mani sudate, senza via d'uscita.

Nonostante tutti gli straordinari spunti che avevo ottenuto dalla lettura, i miei comportamenti si rifiutavano ostinatamente di cambiare; erano semplicemente troppo radicati. Dentro di me si fece strada un opprimente sospetto. E se tutto quello scavarmi nell'anima fosse stato alla fin fine solo un altro rifugio? Un luogo dove potevo sentirmi brillante e realizzato senza dovermi mettere davvero alla prova? Non ero poi così distante dal vivere da solo in una yurta, dopotutto. E dannazione, quell'idea cominciava a piacermi. Mentre continuavo a leggere libri pieni di saggezza e ad accumulare idee e concetti, mi resi finalmente conto che ciò che mi serviva realmente era smettere di nascondermi, radunare il coraggio e iniziare il lavoro di autoanalisi e di interazione autentica con gli altri. Ed era chiaro che, fossi rimasto nella mia stanzetta-libreria, non avrei mai imparato a farlo.

Hai mai avuto la precisa sensazione che qualcosa non "quadrasse"?

Quelle volte, in particolare, in cui mi mettevo sulla difensiva o davo risposte fuori tema, mi rendevo conto che c'era qualcosa che non andava, che qualcosa non era giusto.

A molti di noi è capitato di provare una reazione eccessiva o fuori controllo allo stress, e non è mai una bella esperienza. Il disagio si manifesta anche sul fisico: provi un senso di oppressione nel petto o le spalle che si irrigidiscono. Gli elementi scatenanti possono essere difficili da individuare, ma il potere che hanno su di te è inequivocabile.

Tutti noi detestiamo sentirci impotenti, essere costretti a lottare, bloccarci o volere scappare via da una situazione. Tutte queste reazioni causano molto stress e, poiché questo tipo di stress è difficile da gestire, tendiamo a prendere la via più facile e diventiamo frustrati, arrabbiati, codardi o villani. Inutile dire che queste reazioni non costituiscono un approccio felice e sano alla vita. In genere ci procurano solo rimpianti. Quello che ci succede, però, è che ripensiamo con vergogna e rammarico a una certa situazione stressante dicendo a noi stessi «Cavolo, avrei potuto gestirla meglio», ma raramente ci chiediamo *che cosa* avremmo potuto fare davvero. Se ci poniamo seriamente quella domanda e non la liquidiamo con una frase comune del tipo «Avrei dovuto rimanere calmo e controllato», se ragioniamo davvero sull'argomento, può sembrarci molto minaccioso. Perché? Perché ci fa capire che siamo umani e, come umani, siamo fallibili. Ci ricorda che abbiamo ancora molto da imparare.

Se tutto questo ti suona familiare, allora stai leggendo il libro giusto.

Tutto ciò che sperimenti comporta delle scelte. Puoi decidere di imparare come rispondere agli eventi della vita in modi utili e che cambiano la vita, e il modo in cui risponderai dipenderà dagli strati sovrapposti di esperienze, background e cultura che ti rendono quello che sei. Questi strati sono come filtri di vetro colorato che ci fanno percepire e affrontare il mondo con un approccio unico e personale. Quindi, prima ancora di iniziare ad affrontare le sfide della vita, il subconscio filtra già le tue esperienze, modellando le tue reazioni in un modo che è unico per te. Questi filtri possono migliorare la tua comprensione e interazione con il mondo, oppure distorcere la tua percezione e scatenare in te reazioni avverse. Indipendentemente da come modellano la tua percezione, tuttavia, non devi essere uno spettatore passivo e impotente. Al contrario, puoi influenzare e plasmare questi strati in modo consapevole.

Tutto inizia con la comprensione dell'impatto dei tuoi filtri sul modo in cui interagisci. Nessuno può farlo per te perché solo tu conosci i tuoi meccanismi personali e la tua esperienza pregressa. Questa particolare consapevolezza è unica per te e puoi esplorarla e trarne insegnamenti.

Già sai quali competenze tecniche e risultati metterai nel tuo curriculum; quella è la parte che tutti possono vedere e verificare. Ma solo tu sei nella posizione di capire realmente chi sei nel profondo e acquisire quella conoscenza che ti darà tutti gli strumenti necessari per navigare nelle tue interazioni sociali. È questo che distingue un esperto da un leader. È questo che ti dà la capacità di interagire con intelligenza emotiva.

Per iniziare, dovrai identificare i modelli di comportamento che costituiscono il tessuto della tua personalità. Da lì, costruirai una mappa per aiutarti a tracciare il tuo nuovo percorso e navigare attraverso terreni difficili. Questo richiederà coraggio, franchezza e una grande quantità di archeologia emotiva e psicologica.

La persona veramente sicura di sé non ostenta mai sicurezza. Non ruggirà come un gorilla che batte il petto per affermare la dominanza. Questa persona, invece, trasmetterà una tranquilla sicurezza di sé, e sarà di guida e ispirazione per gli altri in modo onesto consapevole e posato.

Una persona del genere non si nasconde dietro ai propri successi. È pienamente consapevole di essere vulnerabile, sa chiedere aiuto e guida gli altri con autenticità. Una persona matura e risolta sa gestire le emozioni e quando commette un errore si scusa tranquillamente. I leader illuminati hanno una spina dorsale ma non prevaricano gli altri. Hanno cuore ma non sono guidati dalle emozioni. Sono assertivi e hanno empatia.

Queste persone si mettono a ballare in mezzo alla folla. Non hanno nemmeno bisogno di coraggio per farlo, perché non hanno problemi a essere visti e non fanno una tragedia per un moonwalk venuto male o se perdono il ritmo. Possono ridere di se stessi indossando scarpe da ballo buffe o la giacca italiana più vistosa del pianeta.

La domanda è: come fanno?

La risposta è semplice: osservano le emozioni che li attraversano, le riconoscono e le identificano, e poi agiscono di conseguenza. Per quelli di noi che non hanno ancora fatto il lavoro di auto-scoperta, la sequenza degli eventi è spesso invertita: si sente un'emozione o un impulso, si agisce su di esso e poi, successivamente, ci si chiede che cosa sia successo. Ma a quel punto, naturalmente, si possono solo affrontare le conseguenze delle proprie azioni, perché si è persa l'opportunità di scegliere liberamente la risposta appropriata.

Niente di tutto questo è magia, neanche lontanamente. Ma è *magico* imparare un modo completamente nuovo di stare al mondo, anche se farlo richiede tempo, pazienza e un po' di dolore. Ma, posso promettervelo, è qualcosa che cambia tutto quanto. Non solo vedrete il mondo attraverso una lente completamente nuova, ma vedrete il mondo come avreste dovuto fare da sempre.

Imparare a interagire in contesti sociali non è diverso dall'imparare a guidare. Inizialmente, devi memorizzare quasi ogni atto consapevole da compiere, e ciò può sembrare superiore alle tue forze e incredibilmente difficile da fare; solo con il tempo le tue azioni consapevoli diventeranno abitudini inconsce. Devi anche preoccuparti degli altri guidatori (leggi: società), per cui non solo devi svolgere certe azioni e funzioni, ma devi farlo senza farti uccidere o uccidere qualcun altro. Eppure, dopo alcuni mesi, guidare diventa una seconda natura.

Allo stesso modo, quando acquisisci una nuova abilità, l'obiettivo è integrarla senza sforzo nelle interazioni, permettendo alle tue azioni di essere influenzate naturalmente dal tuo ambiente. Questa facilità deriva dalla comprensione di come le tue percezioni e reazioni possono influenzare le connessioni con gli altri, mantenendo al contempo la tua indipendenza e il senso di sé.

Questo tipo di eleganza nasce dal sapere come sei influenzato dai tuoi filtri e dalla tua capacità di connetterti con gli altri senza perdere la tua indipendenza o te stesso.

Man mano che diventi più abile, inizi anche a notare e apprezzare le sottili differenze nel modo in cui gli altri affrontano situazioni simili, consentendoti di adeguare di conseguenza il tuo approccio. La chiave è impegnarsi appieno, utilizzando tutti i sensi per comprendere e rispondere all'ambiente e alle persone che vi si trovano. Questa comprensione ti consente di passare dall'individualismo alla collaborazione efficace, creando una dinamica di supporto e apprezzamento. Così, consenti agli altri di esprimersi liberamente, e intervieni solo quando necessario o semplicemente per garantire una migliore armonizzazione. In breve, sarai capace di collaborare con gli altri in un percorso comune verso il successo.

Proprio ora, in questo stesso istante, è arrivato il momento e l'occasione per te di scrivere il tuo futuro, imparando e applicando competenze in un modo che sia espressivo, soddisfacente e autosufficiente. Coltivare la tua intelligenza emotiva e padroneggiare queste abilità ti aiuterà a diventare eccezionale nel lavoro e, allo stesso modo, ti aiuterà a vivere una vita più piena e autentica. Imparare queste lezioni ha richiesto fatica, impegno e consapevolezza, e sono più che felice di condividere ciò che ho imparato.

Ma prima di iniziare veramente questo viaggio, assicuriamoci che tu sia pronto e disposto a procedere. Sei convinto che il nostro cervello e i nostri talenti siano solo un punto di partenza? E che, per fare il vero lavoro, hai bisogno di avere la convinzione, la dedizione e la sincera volontà di esplorare ciò che hai e non hai fatto finora?

Ogni momento conta.

Secondo Daniel Goleman nel suo libro *Intelligenza sociale: entrare in sintonia con gli altri per costruire relazioni felici*, le sei competenze principali che distinguono i performer stellari dai performer medi nel settore tecnologico sono, in quest'ordine:

- Forte motivazione al successo ed elevati standard di realizzazione
- Capacità di influenzare
- Pensiero concettuale
- Capacità analitica
- Iniziativa nel raccogliere sfide
- Autostima

Domanda:

Di queste sei, solo due (pensiero concettuale e capacità analitica) sono competenze puramente intellettuali. Le altre quattro, comprese le prime due, sono competenze emotive.

- Quali di queste quattro hai già?
- Quali non hai e quindi ti stanno frenando?
- A volte senti che qualcosa non va? E se sì, sei pronto per la pillola rossa? (O è quella blu?)

Capitolo 3

Pensi di entrare nel bar?

Immagina di arrivare in un bar dove dovresti incontrare un'amica. Dai un'occhiata dalla vetrina per capire se è già lì. Il posto non sembra particolarmente invitante: luci soffuse, grandi TV a schermo piatto, una manciata di persone (la maggior parte di loro guarda il cellulare) e nessuna musica. Che scena triste!

L'amica arriva, e ti vengono un po' di dubbi. Dovresti entrare o andare da un'altra parte? Lo squallore di questo posto ti rovinerà la serata, o ti divertirai lo stesso? Hai voglia di incontrare gente o vuoi rimanere per conto tuo? Ci sono parecchie cose da ponderare in pochi secondi. E poi c'è, naturalmente, la domanda finale: cosa farai? Seriamente, che cosa ti sta dicendo il tuo istinto? Te ne andrai cercando un posto migliore, o sei disposto a dare una possibilità a questo bar?

Questa piccola scena può sembrare banale, ma le domande

che solleva vanno al cuore di come rispondiamo agli eventi della vita e alle decisioni che prendiamo. Il modo in cui rispondiamo può rivelare significative verità su di noi.

La saggezza comune afferma che non possiamo controllare l'ambiente in cui siamo; quello che possiamo fare è controllare il nostro atteggiamento verso di esso. Tuttavia, nella mia esperienza, questo motto è in contrasto con un semplice, ma importante fatto: quando cambiamo prospettiva, in realtà modifichiamo anche l'ambiente. Certo, possiamo andarcene dal bar, sperando che ci sia qualcosa di meglio dietro l'angolo. Ma se invece entrassimo, accendessimo un po' di musica e avviassimo conversazioni con le persone? Se la nostra energia fosse abbastanza forte da illuminare la stanza, indipendentemente dallo squallore?

Alcuni anni fa, io e un mio amico abbiamo affrontato il divorzio nello stesso periodo. La decisione che abbiamo preso è stata di non lasciare che le difficoltà ci trascinassero a fondo. Invece, abbiamo visto il nostro essere single come un'opportunità per ravvivare il nostro entusiasmo per la vita, e così siamo usciti, determinati a divertirci.

E non importava il posto dove andavamo a finire, perché lo trasformavamo e finiva per essere una serata divertente. Ora, non voglio sembrare un personaggio dei cartoni animati, che finge di essere sempre allegro. Non credo che il mondo sia per forza luminoso e gioioso, pieno di farfalle e arcobaleni, solo applicando il giusto approccio. No, per niente. Ho avuto la mia parte di cattivo umore e prospettive pessimistiche, e non sminuirei mai la sofferenza che tutti noi sperimentiamo nella vita; a volte, la risposta più appropriata è semplicemente riconoscere il dolore senza giudicarlo ed essere gentili ed empatici con se stessi.

Tuttavia, ho preso molte cattive decisioni perché mi sono presentato con l'atteggiamento sbagliato, e ho imparato che, se faccio attenzione al mio atteggiamento mentale e tengo presente il contributo che posso portare in una data situazione, sarò in grado di influenzare l'ambiente, anche se sembra cupo e poco incoraggiante.

Certo, non serve che ogni cambiamento sia una svolta completa; in molti casi posso forse migliorare una situazione solo del 10%, ma il 10% è comunque una vittoria da ogni punto di vista. Specialmente quando si tratta di lavorare su noi stessi, anche un punto percentuale ha grande valore.

Il tuo atteggiamento può letteralmente cambiare le cose.

In precedenza, ho accennato all'intelligenza emotiva. La psicologa Carol Dweck ha dedicato la sua carriera a studiare il perché il Quoziente Emotivo (QE) sia un migliore indicatore di successo rispetto a quello intellettivo (QI). Carol spiega che le persone, generalmente, hanno in prevalenza o una mentalità fissa oppure una mentalità di crescita.

Chi ha una mentalità fissa, pensa che le proprie abilità di base, l'intelligenza e il talento siano tratti fissi. Crede che le caratteristiche con cui si nasce siano fondamentalmente tutto ciò che si ha a disposizione e che costituiscano i limiti entro cui si può operare. Generalmente questa tipologia di individuo pensa «questo è il modo in cui sono» ed è riluttante o incapace di concepire se stesso con un potenziale molto maggiore.

Le persone con una mentalità di crescita, al contrario, vedono le abilità, le capacità e le attitudini come caratteristiche che possono cambiare attraverso l'impegno, la formazione, il coaching e la perseveranza.

Ricerche recenti sulla neuroplasticità del cervello hanno gettato una luce interessante su questa discussione. Hanno rivelato che possiamo letteralmente modificare le connessioni cerebrali, anche da adulti, sviluppando nuove abitudini. Possiamo aumentare il nostro QE, ad esempio, prestando attenzione alle nostre vecchie abitudini e poi adottandone progressivamente di nuove. Un processo di questo tipo inizia dalla rilevazione e comprensione dei motivi che ci spingono a mantenere lo stato attuale e prosegue con l'analisi di ciò che servirebbe a creare nuove abitudini. Se ci impegniamo in questo esercizio con una certa frequenza, ci accorgeremo che ci costa meno fatica e diventa parte di una routine naturale. Col tempo, noteremo gli effetti sul nostro atteggiamento generale, oltre che sullo stato mentale e fisico. Le ricerche hanno dimostrato che anche le azioni più piccole possono avere un effetto positivo sulla produttività e sulla felicità.

Se credi di avere una mentalità fissa, ti suggerisco di considerare la possibilità che il tuo potenziale sia molto maggiore di quanto ti sei permesso di credere fino ad ora. Personalmente, la comprensione del mio approccio con la vita, è stato un obiettivo fondamentale. Per molti anni, ho cercato di capire ciò che influenzava i miei umori e atteggiamenti, che cosa attivava certi tipi di reazioni e quello che potevo fare per controllare meglio le mie risposte agli stimoli. Ho lavorato per migliorare i miei lati positivi e correggere quelli negativi. E sì, l'analisi che precede la crescita richiede sforzo e autoconsapevolezza, oltre alla pazienza, la tolleranza e il supporto delle persone che abbiamo intorno. Ed è vero che cambiare la propria mentalità è difficile perché richiede di abbandonare la zona di comfort. Come scrive Billy Anderson, autore di *La tua zona di comfort ti sta uccidendo*, «Il coraggio è essere spaventati e farlo comunque, perché ciò che si vuole è più grande della paura stessa.» Più affrontiamo ciò che ci spaventa, meno continuerà a spaventarci e meno le nostre paure avranno il potere di controllarci. Indipendentemente da quale tipo di mentalità ti caratterizza, trarrai grande vantaggio da una maggiore consapevolezza di te stesso e dal supporto delle persone intorno a te. Ma se affrontiamo questo viaggio con una mentalità di crescita e un atteggiamento positivo, le nostre convinzioni intrinseche ci motiveranno e spingeranno in avanti invece di frenarci e metterci dei limiti.

E allora, ti senti disponibile e pronto a crescere? Se hai un background tecnico, forse ti stai domandando se hai quello che serve per far crescere il tuo QE. La risposta è un sonoro sì! Infatti, ti spiegherò come puoi sfruttare i tuoi punti di forza anche nell'ambito dominio sociale ed emotivo.

Ecco come faremo: ogni volta che introdurrò un nuovo modo di affrontare una situazione sociale, cercherò di inquadrarlo in modo simile a quello che usiamo per affrontare una difficoltà tecnica, in modo da poter sfruttare i nostri attuali strumenti e continuare a utilizzare un approccio logico, analitico e di risoluzione dei problemi.

Il processo decisionale è un fenomeno misterioso e stratificato, ed è sia emotivo che logico. I neuroscienziati sono d'accordo su questo fatto e lo descrivono chiaramente. Per decidere qualcosa, prima la "senti" e poi guardi ai dati razionali per supportare la tua sensazione iniziale. Ogni decisione che prendiamo è genuinamente una sensazione viscerale supportata dalla logica, non viceversa. Anche il neuroscienziato più duro e puro ti dirà che il sistema logico e quello emotivo sono inseparabilmente collegati.

(A proposito, se quello che ho appena spiegato ha spento il tuo interesse, probabilmente stai avendo una reazione emotiva all'argomento. Come persona razionale e pensante, potrebbe infastidirti pensare che le emozioni guidino le decisioni. Se è così, ti prego di sopportarmi e ricorda che stiamo cercando di adottare una mentalità di crescita. Non uscire ancora dal bar, perché puoi *davvero* cambiare l'ambiente con il tuo atteggiamento. Se non proprio immediatamente, almeno presto.)

Mentre la logica è solo una parte del processo decisionale, sappi che le tue sensazioni viscerali e ciò che senti nel cuore sono quelle che avranno alla fine più potere. Mente e cuore non sono mutuamente esclusivi, ma viviamo principalmente per istinto. Per la maggior parte della nostra vita da svegli, operiamo al di sotto del livello di consapevolezza cosciente. Di conseguenza, gran parte del nostro comportamento è reattivo e non intenzionale.

Come esseri umani, tendiamo a prendere decisioni basate su stereotipi appresi, atteggiamenti e altri tipi di categorizzazione. Farlo ci fa sentire al sicuro e ci dà modelli per muoverci con maggior facilità nelle nostre interazioni con gli altri. Ad esempio, l'*Effetto alone* è un pregiudizio cognitivo in cui l'impressione generale che abbiamo di una persona influenza il nostro giudizio sul suo carattere. La valutazione esteriore, se non stiamo attenti, contamina l'opinione che ci facciamo riguardo il suo essere e il suo operato.

Altrettanto potente, e intrinseco alla nostra stessa evoluzione, è il *Bias di conferma*, per cui tendiamo a favorire le informazioni che si adattano alla nostra esperienza, idee e credenze preesistenti. Inoltre, come se non avessimo già abbastanza pregiudizi intrinseci che lavorano contro di noi tutto il tempo, c'è il *Bias di affinità*, che ci porta a preferire la frequentazione di chi condivide background, esperienze e interessi simili ai nostri, e ci spinge a respingere quelli che non la pensano come noi. Tutti questi pregiudizi possono influenzare inconsciamente le nostre scelte e quindi impattare sul nostro lavoro e su come ci impegniamo con (o evitiamo) le persone.

Prendiamo in considerazione un esempio reale da uno dei miei clienti di coaching, che ci mostra come dobbiamo addestrare e utilizzare sia le capacità logiche che quelle emotive per comprendere davvero una situazione.

Chiamiamolo George. È un ingegnere nella Silicon Valley che lavora su concetti altamente innovativi. Con oltre vent'anni di esperienza nel suo campo, è molto stimato.

George si preoccupa spesso di cosa possano pensare gli altri di lui e del suo lavoro. Ad esempio, se scrive dei programmi e poi trova un errore, ci soffre talmente da essere consumato dal rimorso. Dice cose come: «Non posso credere di aver commesso questi errori. Penseranno che sia un perdente nato e probabilmente non mi daranno più altri progetti da gestire.»

Si sofferma su queste preoccupazioni e continua a farsi dei film assurdi nella testa. Riproduce ossessivamente scenari di catastrofe. Come molti di noi, George si è abituato a immaginare situazioni che non sono basate sui fatti, ma sulle sue paure. Nel suo caso, le paure derivano da un'ansia profondamente radicata di non essere abbastanza bravo o intelligente per i suoi colleghi.

Per interrompere il ciclo di emozioni negative, ho cercato

di stimolare la mente logica e razionale di George facendogli domande come:

- Cosa ti fa pensare di essere un perdente?
- Le persone ti hanno detto che sei un perdente?
- Perché pensi che non ti verranno affidati altri progetti da gestire?
- Su che cosa si basa la tua risposta emotiva?

Volevo che George utilizzasse un'analisi basata sui fatti per capire come i suoi processi di pensiero fossero stati dirottati da presupposti infondati. Quando si è in preda a una risposta emotiva, è fondamentale smontarla con elementi indiscutibili e fattuali; questo è un processo noto come ristrutturazione cognitiva. Metodologicamente, questo processo non è diverso da quello che George utilizzerebbe nello sviluppo di una soluzione per i suoi programmi: scomporla nei suoi elementi, definire precisamente i passaggi e le procedure utilizzate, e poi ristrutturare i singoli elementi in modo che siano più allineati all'obiettivo, liberi da presupposti infondati.

Se dovessi usare le sintassi che si usano nella programmazione, useresti una serie di istruzioni, come:

- **If... Then... Else**, che permette di scegliere tra due alternative, in base al valore di un'espressione
- **For Each... Next**, che ripete un'attività per ogni elemento di un insieme
- **For... Next**, per eseguire un gruppo di istruzioni un numero specifico di volte
- **Select Case... End Case** che a seconda del valore dell'espressione esegue uno tra molti blocchi di istruzioni

Si tratta, ovviamente, di una semplificazione, ma credo che spieghi la metodologia in modo appropriato. L'approccio non è diverso da quello di un programmatore o di uno scienziato che usi la logica per definire un processo, analizzare dati o scrivere linee di codice per affrontare un problema. Per George è stato facile visualizzare la sua risposta emotiva creando un diagramma su carta che seguisse la stessa metodologia che usava solitamente nello sviluppo di programmi. In seguito, abbiamo utilizzato la stessa strategia per analizzare le circostanze, le personalità e gli esiti desiderati delle conversazioni. Qualunque fosse l'ambito da esaminare, questo metodo gli ha permesso di affrontare razionalmente un dilemma e di uscire dalla falsa e fuorviante sceneggiatura che aveva scritto nella sua testa.

Probabilmente ti è già capitato di vedere il diagramma seguente. Per quanto semplice, è incredibilmente difficile metterlo in pratica. Mentre stai leggendo questo libro, ti invito a disegnare diagrammi di soluzione simili, per capire cosa ti sta frenando e riuscire poi a trovare una strada da seguire.

Quindi, eccoti nuovamente in piedi sul marciapiede, di fronte a quel bar. Forse stai guardando all'interno e rifletti sulla tua prossima mossa. Ti fai delle domande e rifletti sulle conseguenze delle tue possibili azioni. E, mentre analizzi in modo logico cosa fare, le tue emozioni combattono con la tua mente. Ma questa volta, essendo più consapevole delle tue emozioni, sarai in grado di fare una scelta più consapevole e onesta.

Dobbiamo tenere presente che, anche con il miglior processo razionale, indipendentemente dalla scelta che farai, ci saranno sempre dei rischi. Ed è proprio per questo che, secondo me, la mentalità di crescita si rivelerà molto utile. Quando non rischi nulla, finisci per rischiare ancora di più. Non entrare in quel bar rinforzerà una mentalità fissa e sicura. Al contrario, entrare nel bar con fiducia e disponibilità porterà a una moltitudine di alternative. Certo, alcune di esse potrebbero non funzionare, ma aprendoti a nuove possibilità (invece di rimanere nella tua zona di comfort) aumenti le tue probabilità di successo e impari molto su te stesso, il tuo livello di consapevolezza, la tua propensione al rischio e il tuo desiderio di crescita.

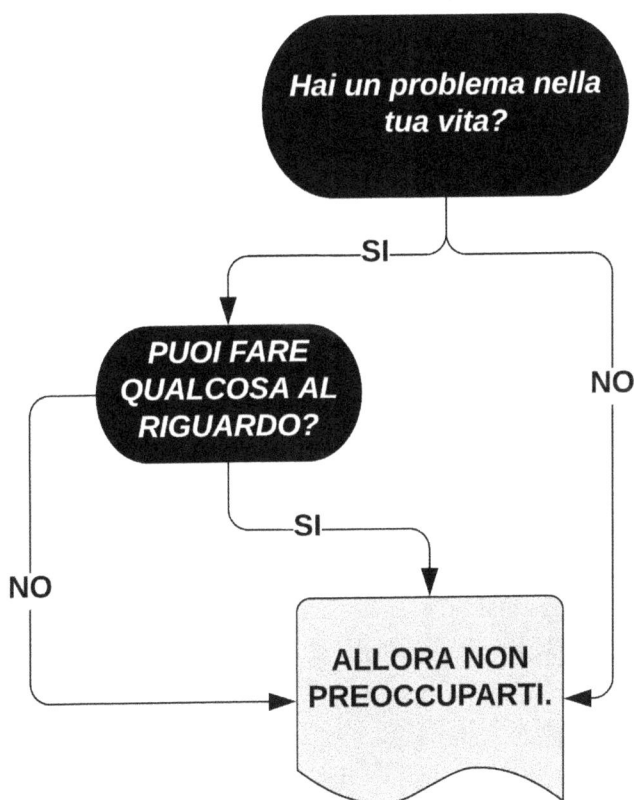

Hai un problema nella tua vita?

SI

PUOI FARE QUALCOSA AL RIGUARDO?

NO

SI

NO

ALLORA NON PREOCCUPARTI.

Capitolo 4

Cresci, oppure vivrai nel rimpianto

Qualche anno fa, andavo da una terapista, soprattutto per questioni di relazioni interpersonali, ma sapevo che i miei problemi affettivi erano parte di un problema più grande.

La terapista mi conosceva bene e mi piacevano le nostre sessioni. Ma una volta in particolare mi chiese, all'improvviso: «Roberto, chiedi mai aiuto quando sei in difficoltà?»

«Certo» risposi. «Non ho nessun problema a farlo.»

«Ottimo» continuò. «Allora, dimmi, come ti esprimeresti per chiedere aiuto alla tua partner?»

«Non saprei. Chiederei e basta.»

«Bene. Allora, dillo ad alta voce adesso. Come faresti a chiederle di aiutarti?»

Cominciai a irritarmi un po'. «Cosa intendi?» domandai.

«È piuttosto semplice, no? Se non so come fare qualcosa, o se sono in difficoltà, glielo chiedo.»

«Ho capito, Roberto» insisté la terapista, gentile ma ferma. «Voglio solo che tu lo dica ad alta voce. Coraggio, chiediglielo ora. Dille che hai bisogno di aiuto.»

«Va bene, d'accordo» dissi, sentendomi un po' sciocco. «Ecco qua. "Isabel, ho bisogno del tuo aiuto..."» E nel momento esatto in cui pronunciai queste parole, mi bloccai. Mi si riempirono gli occhi di lacrime e non riuscii a finire la frase.

Santo cielo. Non avevo idea di cosa stesse succedendo. Perché mai mi ero emozionato così tanto? Guardai la terapista.

«Più difficile di quanto credevi, vero?» disse sorridendo.

La verità è che non sapevo nemmeno di essere così bloccato. Io e la mia ragazza avevamo delle difficoltà nella relazione, certo, ma non avevo il minimo sospetto che qualcosa di così basilare come articolare sinceramente e ad alta voce i miei bisogni mi stesse trattenendo.

Quando lo dissi alla terapista, lei disse: «Beh, lo scopri solo quando ci provi davvero.»

Quella frase fu una scossa di terremoto per me, tanto profonda quanto semplice: *lo scopri solo quando ci provi davvero.* Se non usciamo, prendiamo iniziative e rischiamo di esporci, potremmo non arrivare mai a capire quanto siamo bloccati, e tanto meno *chi siamo.*

I bambini hanno un desiderio innato di imparare, crescere, sperimentare e fare nuove esperienze. Probabilmente non devi tornare troppo indietro nel tempo per ricordare quando non vedevi l'ora di vivere la prossima avventura, la prossima sfida, qualcosa che ti ispirasse e ti facesse sentire felice di essere vivo.

Ora prenditi un momento per guardare la tua vita com'è oggi. C'è la possibilità, se stai leggendo questo libro, che alcune cose non stiano andando come vorresti. Forse non stai facendo carriera e ti senti bloccato. Forse permetti agli eventi di controllarti, invece di prendere in mano la situazione. Forse senti che c'è un "te stesso" più consapevole dentro di te, ma non sai come accedervi. Qualunque sia la natura della tua preoccupazione, dimostra che porti dentro di te un desiderio di apertura e crescita, ma qualcosa ti trattiene, probabilmente perché le tue vecchie abitudini ti consumano prima che tu possa andare avanti.

Molto probabilmente sei tu il responsabile di dove ti trovi ora. Ma non preoccuparti, non sei bloccato per sempre.

Il cambiamento inizia con le nostre scelte. Immagina la tua vita come una partita a scacchi, piena di milioni di possibilità. Ogni mossa che fai crea risultati alternativi ora e in futuro. Allo stesso modo, la tua vita contiene moltissime possibilità e ogni decisione produrrà risultati diversi. Quando fai una scelta, prende corpo una delle varianti, che diventa irreversibile, e che a sua volta porta a ulteriori variazioni. (Quindi, se la guardi in questo modo, è coraggioso anche solo uscire di casa.)

Certo, potresti decidere di non fare nessuna mossa e giocare sul sicuro, ma questo significherebbe fermare il gioco e negarti la possibilità di creare nuove varianti che potrebbero portare a risultati positivi. Ma cosa succederebbe invece se andassi nella direzione opposta? Cosa succederebbe se nutrissi la tua forza vitale e il suo bisogno innato di espansione? Cosa succederebbe se acquisissi nuove conoscenze e competenze attraverso una formazione appropriata e ti prendessi qualche rischio? Quando dico formazione, intendo anche l'auto-scoperta, attraverso la quale trovi le soluzioni che già hai dentro di te e ti rendi disponibile a esplorare altre possibilità di crescita.

Quando iniziamo qualcosa di nuovo, spesso si produce un mix di esaltazione e tensione. Sono sicuro che hai sperimentato questa sensazione quando hai iniziato un nuovo lavoro, una nuova relazione o un viaggio in un luogo straniero. Puoi sentirla scorrere in te, quell'eccitazione che è quasi difficile distinguere dalla paura, quel senso di acuta curiosità e vivace attenzione.

È l'energia del rinnovamento. Prendere questi passi auto-motivati per migliorare la tua carriera, salute, relazione e ovviamente te stesso rilascerà quell'energia intrappolata che prima era stagnante e non disponibile. È un processo che ti aiuterà a confrontarti con problemi personali e ostacoli che non intendi più tollerare.

È facile sentire rimpianto per le vite che non stiamo vivendo, per ciò che avrebbe potuto essere, per desiderare di aver amato di più, lavorato di più, risparmiato più soldi, viaggiato, continuato a giocare a calcio o studiato di più. I nostri rimpianti possono diventare infiniti e folli se prendono la forma di "cosa sarebbe stato se" e ci portano lontano dalla domanda molto più importante: "Bene, questo è il passato, ma *adesso* cosa si fa?"

Non serve alcuno sforzo per desiderare di aver sposato una certa persona o di essersi allontanati da una relazione, per aver fatto più yoga o fumato meno. È facile rimpiangere le amicizie che non abbiamo coltivato, desiderare di aver fatto quella telefonata, o rimpiangere di aver aspettato così a lungo per visitare la famiglia. In breve, è facile rimpiangere e continuare a rimpiangere, giorno dopo giorno, piangendo sulle vite che non abbiamo vissuto. Ma il problema è il rimpianto stesso. Non potrai mai sapere se avresti potuto essere una versione migliore o peggiore di te stesso. Non puoi cambiare il passato, ma questo non significa che devi rimanere bloccato in un circolo vizioso o vivere una vita ripetitiva e non utilizzata appieno. Quindi, è ora di guardarsi bene allo specchio e prendere coscienza del divario tra dove sei ora e chi vuoi e hai realmente bisogno di essere.

Certo, ciò che vediamo nello specchio può intimidire e può creare sentimenti di inadeguatezza e vergogna, ma questo è il "momento" in cui possiamo scegliere se vogliamo reprimere le nostre paure o considerarle delle possibilità. Come scrive Brené Brown nel *I doni dell'imperfezione*, «L'autenticità è una collezione di scelte che dobbiamo fare ogni giorno. Riguarda la scelta di presentarsi ed essere veri. La scelta di essere onesti. La scelta di lasciare che il nostro autentico sé sia visibile.»

Non dovrebbe esserci vergogna nell'avere delle carenze. Ho sbagliato, spesso e di grosso, e ogni volta che sceglievo di ritirarmi, perpetuavo e rinforzavo le mie incompetenze e, facendo così, non ero una persona facile con cui lavorare. Per cambiare questa modalità, ho dovuto essere comprensivo con me stesso e non provare vergogna nel condividere la mia vulnerabilità. Condividere la vulnerabilità è un atto coraggioso, non certo codardo.

È stato difficile chiedere aiuto. Esprimere i miei bisogni mi faceva sentire "scoperto". Temevo che mostrare di essere una persona con paure e bisogni, mi avrebbe reso debole e mi avrebbe lasciato esposto. Superare questa paura è stato difficile. Avevo bisogno di coinvolgere gli altri nella mia crescita e permettere loro di provocare o scuotere il mio pensiero, per mostrarmi ciò che stavo facendo e chi ero. Inizialmente sarà difficile. Le tue vecchie abitudini e anni di condizionamento richiederanno molta energia, maturità e perseveranza per essere superati. Con il tempo, però, tutto diventa più facile. Come un razzo, avrai bisogno della maggior parte del tuo carburante nei primi minuti dal decollo. Liberarsi dalla gravità è l'attività in cui si spende la maggior parte dell'energia.

Eppure, è così difficile "lanciarsi" perché ogni cosa vuole rimanere in uno stato di riposo. Come afferma il Primo principio della dinamica di Newton, un corpo in uno stato di quiete tende a rimanervi, e un corpo in movimento tende a mantenere quel movimento, a meno che non agisca una forza esterna. Avrai bisogno di molta energia e motivazione per metterti in moto, insieme al desiderio di lasciar perdere l'orgoglio, accettare i tuoi errori e scusarti. Una volta preso lo slancio, si aprirà una vasta gamma di possibilità e ti sentirai più a tuo agio nel discutere il tuo viaggio e condividere con gli altri il tuo essere interiore in tutte le sue sfaccettature.

Per prima cosa, quindi, decidi di fare nuove scelte e segui un obiettivo per te stesso. Poi, continua a mantenere queste scelte in movimento e renditi conto che, così facendo, sostieni i nuovi comportamenti. Infine, ripeti tali comportamenti finché non cominci a integrarli incosciamente in ciò che sei: è allora che diventeranno per te naturali. Gli esseri umani, nella loro essenza, sono predisposti sia a essere d'aiuto che a guidare gli altri, in vari modi. E anche se forse non ti consideri un leader perché non sei l'amministratore delegato di una grande azienda, devi essere consapevole del fatto che applichi la tua leadership ogni giorno in molti aspetti della vita. Quando ti occupi dei figli, fai sport, organizzi una festa o ristrutturi la cucina, tu eserciti la tua leadership. Interagisci con gli altri e li guidi attraverso incoraggiamento, direzione e mentoring fino a ottenere l'esito desiderato. E, naturalmente, per avere la fiducia e la comprensione altrui e poterti relazionare, devi essere autentico.

Quindi eccoci qui, con una scelta semplice: vivere nel rimpianto o scegliere di mettere la tua navicella spaziale in movimento, nonostante la forza di gravità.

Chiediti: quali sono le cose di cui di solito ti penti? Cosa hai fatto o non hai fatto che ti fa provare rimpianto o imbarazzo? Studi psicologici hanno dimostrato che ci pentiamo più spesso delle cose che *non* abbiamo fatto perché tendiamo a giustificare l'azione rispetto all'inerzia, e le conseguenze dell'inerzia sono illimitate.

E allora, cosa resta da fare, amico mio? *Prendere più rischi.* Questa è l'occasione per fissare alcuni obiettivi e creare nuovi confini. Quante volte sei disposto a rischiare ogni giorno, settimana, mese o anno? E perché non ora? Potrebbe permetterti di sistemare una relazione affettiva, crearne una nuova o cambiare il corso della tua carriera.

So che hai iniziato molti progetti in passato e, come la maggior parte di noi, probabilmente hai fallito molte volte. Ma, come disse Oscar Wilde, «Esperienza è il nome che diamo ai nostri errori.» Siamo tutti esperti nel fallire. Cadiamo quando impariamo a camminare, ci schiantiamo quando impariamo ad andare in bicicletta. Coraggio, tu lo sai come rialzarti.

Non ti chiedo di guidare in modo spericolato o rischiare inutilmente la vita; questo è il tipo sbagliato di rischio. Ti sto chiedendo di provare la strada inesplorata, provare un percorso diverso e vedere cosa sei in grado di realizzare. Ti sto chiedendo di rompere le tue abitudini e nutrire il tuo innato desiderio di crescere.

Certo, per iniziare il cambiamento, dovrai affrontare il tuo disagio, ma, come ha detto la mia terapista, «*Lo scopri solo quando ci provi davvero.*»

Domande:
* Quali rischi sei disposto a correre per ottenere una crescita personale?
* Con chi potresti impegnarti e creare relazioni significative?

Sonja Lyubomirsky, nel suo libro *I miti della felicità*, lo spiega in quattro punti:
* **Razionalizzare l'azione è più facile che razionalizzare l'inerzia.** Puoi pentirti di aver accettato un lavoro o di aver sposato il tuo coniuge, o puoi vivere nel rimpianto di non aver colto quell'opportunità per il resto della tua vita.
* **Il rimpianto per l'inerzia si amplifica nel tempo.** Quella persona che abbiamo sposato o quell'opportunità che abbiamo colto, possono in breve dimostrarsi un fallimento, ma le opportunità non perseguite, nel tempo, possono essere più problematiche e dolorose.
* **Le conseguenze dell'inerzia sono illimitate.** Comprare una certa casa o una Porsche possono essere decisioni sconsiderate che portano presto e in modo chiaro a pericolose conseguenze. D'altra parte, non prendere alcuna decisione ci fa rimuginare su tutto ciò che sarebbe potuto accadere, facendoci fare

ancora una volta dei film mentali che finiscono per frenare il nostro sviluppo.

- **È tutta colpa dell'effetto Zeigarnik.** Riguarda la tendenza a ricordare i compiti o le azioni incompiute o interrotte con maggior facilità di quelle completate. In altre parole, ti pentirai di più per l'inerzia che per l'azione (cioè, non hai colto l'attimo e ora non riesci a smettere di pensarci).

Capitolo 5

Chi sei?

Sono cresciuto con la mentalità secondo la quale si lavora per vivere, e non si vive per lavorare. Quando le aziende europee chiudono per quattro settimane, in occasione del periodo estivo di vacanza, lo fanno sul serio e nessuno si stupisce. Alcune imprese addirittura impongono le ferie ai propri impiegati. La pratica che garantisce ai dipendenti adeguati periodi di riposo è considerata essenziale (oltre ad essere legalmente imposta), perché si ritiene che una persona ben riposata sia più produttiva e innovativa di una che è sovraccarica di lavoro. Nonostante ciò, c'è spesso la consuetudine di lavorare per lunghe ore, o addirittura fino a tarda notte e nei fine settimana, in segno di dedizione e per favorire l'avanzamento di carriera. Questa mentalità, sebbene mirata alla crescita, tende a sfumare i confini tra la vita professionale e quella personale, portando a uno stato di costante connessione al lavoro. Questa cultura dell'essere sempre disponibili, in parte spinta dalla pressione dell'ambiente e dei superiori dalla preoccupazione dello stesso interessato, è diventata sempre più diffusa, e non dà segni di riduzione nel prossimo futuro.

Ora, ho sempre apprezzato le opportunità che le aziende mi hanno offerto e credo che lavorare sodo e con intelligenza sia la chiave del successo. Tuttavia, lavorare più ore non porta necessariamente a una migliore produttività. Infatti, le ricerche hanno dimostrato che la produttività diminuisce nettamente quando le persone lavorano più di cinquanta ore a settimana.

Nel suo libro *Un'anima sconfinata: Un viaggio oltre te stesso*, Michael Singer scrive: «La vita stessa è la tua carriera, e il tuo interagire con la vita è la tua relazione più significativa.»

È così per te?

Ecco una semplice domanda che ho posto ai miei clienti: «Chi sei?» Quello che intendo è: «Cosa costituisce la tua personalità e l'essenza di chi sei?»

Troppo complicato? Lo spiego meglio.

Supponiamo che chieda, a te o a qualcuno che ti conosce bene, di darmi cinque parole o frasi brevi su di te, il tuo carattere e la tua personalità, su chi sei nel profondo, ma che non possano menzionare nulla relativo al tuo lavoro. Cosa direbbero? Riuscirebbero anche solo a rispondere a una domanda del genere?

Se creassi più spazio nella tua vita, con che cosa lo riempiresti davvero? Sarebbe un altro progetto lavorativo? Oppure sarebbe dello spazio per scrivere un libro, viaggiare, vedere amici o godere di un po' di solitudine?

Quindi, la domanda è: Che cosa vuoi di più, per sentirti davvero appagato?

Dopo aver incontrato centinaia di clienti, ho visto che le persone realizzate, quelle che vengono definite di successo, sono *diventate* il loro lavoro e hanno perso la loro identità a favore della carriera.

Ti sei mai sentito così consumato dal tuo lavoro che tutto intorno a te è diventato solo rumore di fondo? Ti è capitato di perderti talmente nei tuoi compiti che il mondo si è ridotto a uno sfondo nebuloso, opaco e privo di consistenza? Ciò che intendo con "perdita di identità" è quando la tua vita e la tua carriera si sono fuse insieme, senza più avere dei confini chiari che le delimitano, al punto che la tua essenza è scomparsa nell'etere ed è divenuta parte del rumore di fondo.

Se dovessi farti di nuovo questa domanda, invece di «Chi sei?» chiederei: «Dove sei? Riesci a vederti chiaramente e ben illuminato, o ti sei perso da qualche parte nella nebbia?»

Per spiegarmi meglio, lascia che faccia un paio di esempi.

John, ventisei anni, è un apprezzato direttore vendite che ha recentemente ottenuto una promozione. Gli è stata offerta l'opportunità di trasferirsi sulla costa orientale per assumere un nuovo ruolo, in cui dirigerà un team di quaranta persone. È altamente qualificato e ha già gestito team più piccoli. Non c'è dubbio che avrà successo.

Ma quando abbiamo cominciato a incontrarci ogni due settimane, ho iniziato a capire meglio lui e la pressione che questa nuova posizione aveva aggiunto alla sua vita. John era in un periodo di grande stress, notti insonni, lunghe giornate lavorative e cattive abitudini alimentari. Ogni tanto andava in palestra o faceva esercizio. Nei fine settimana si dedicava alle faccende domestiche, ma usava la domenica sera per pianificare la settimana successiva e rispondere alle e-mail.

Heather, trentasette anni, è una responsabile di negozio molto apprezzata. Ha lavorato in diverse boutique di alta gamma e si è costruita una ottima reputazione per i suoi eccellenti risultati. Altamente qualificata, gestisce un team di quattordici persone. Raggiunge i suoi obiettivi e li supera, un mese dopo l'altro, un anno dopo l'altro.

Questi risultati le hanno fatto guadagnare una fama di persona estremamente ben organizzata, con alti standard per sé stessa e per il suo team. È una leader forte e sicura, considerata lungimirante e visionaria, astuta e ambiziosa. Nei suoi giorni liberi, trascorre qualche ora a prendersi cura della casa e di se stessa, ma è sempre a pochi minuti di distanza dalle e-mail e dalle questioni lavorative.

Entrambi i clienti hanno completato un sondaggio a 360 gradi per avere feedback sulle loro prestazioni da diverse fonti: i manager, i colleghi e i subordinati diretti. Inoltre, entrambi hanno risposto alle seguenti domande autonomamente:

Q: Quanto spesso programmi del tempo per pensare?
A: Una volta al mese o mai.

Q: Con che frequenza ti capita di fare fatica a gestire le tue emozioni, se le cose si fanno difficili?
A: Almeno due volte a settimana, per lo più quotidianamente.

Q: In quali aree potresti migliorare le tue competenze manageriali?
A: Gestire situazioni stressanti, essere più paziente, essere calmo, monitorare il mio atteggiamento e le reazioni, e non essere

così emotivamente sopraffatto. Prima di reagire, permettermi il tempo di digerire la situazione e poi formulare risposte appropriate. Capire come il mio umore possa influenzare il resto del team. Sarebbe utile se mi prendessi il tempo di ascoltare di più.

Ora, non dimentichiamo che persone come John e Heather sono spesso indirizzate al coaching perché sono persone dai risultati eccellenti che le aziende vogliono mantenere con sé. Hanno bisogno di "aggiustamenti" perché i loro comportamenti e l'atteggiamento stanno influenzando le loro relazioni con i colleghi, i subordinati diretti, i clienti e l'organizzazione.

Quando faccio coaching per un'azienda, di solito mi viene fornito un elenco di osservazioni che le Risorse Umane o l'alta direzione hanno identificato sui miei clienti. Spesso danno priorità a cose come sviluppare competenze di leadership, migliorare la comunicazione e gestire un team.

Quello che mi colpisce sempre è che i seguenti due punti non vengono *mai* affrontati in tali diagnostiche:

- Come i dipendenti tendono ad accettare e interiorizzare richieste e obiettivi irragionevolmente elevati imposti dai loro datori di lavoro, al punto che trascurano i valori personali
- Come le relazioni lavorative soffrono quando le persone ad altissime prestazioni trascurano la propria identità a favore della carriera.

Eppure, identifico molto spesso queste situazioni, in particolare tra i lavoratori più giovani. E quando trovo evidenza di uno di questi risultati, chiedo loro: «Chi sei?»

Di solito mi rispondono con il silenzio e sguardi da cervo abbagliato dai fari, seguiti da: «Cosa intendi?»

Allora riformulo: «Chi sei, senza usare etichette, ruoli o risultati lavorativi per definirti?»

Ancora silenzio, e poi spesso iniziano a elencare cose: «Sono un direttore, manager, ho fatto vendite di milioni, ho due lauree e sette certificazioni.»

Li interrompo: «Non è quello che ti ho chiesto. Quelle sono le tue onorificenze, etichette e risultati. Vorrei che tu mi dicessi chi sei senza tutto ciò. Tu, John, e tu, Heather.»

Si fermano, e posso percepire la loro lotta interna. Faccio loro domande che di rado vengono poste, all'interno delle grandi aziende.

Mentre aspetto in silenzio, lentamente le parole iniziano a fluire da loro, attraverso l'uso di aggettivi, invece che di sostantivi: «Sono determinato, appassionato, divertente, riluttante, pieno di dubbi, leale. Mi innervosisco quando le persone non sono oneste con me. Ho paura di quello che gli altri pensano di me. A volte mi sento un impostore. Ho bisogno di connessioni sociali. Sono introverso. Amo la sensazione di appartenenza. Sono pieno di gioia quando...»

Ora finalmente ci dirigiamo da qualche parte.

Poi chiedo, «Quanto spesso pensi a cose simili, per esempio al bisogno di una sensazione di appartenenza?»

Risposta: «Umm, mai veramente. Adesso, per la prima volta, credo.»

La discussione continua, esplorando altri temi:

- Qual è il tuo ruolo in questo mondo?
- Chi sei ora? Chi vorresti diventare?
- Qual è il vero te senza tutte queste appendici? Cosa succederebbe se le togliessimo tutte?
- Come ti senti? Cosa apprezzi di te stesso?
- Come ti fanno sentire gli altri riguardo a te stesso?

L'importante è iniziare a riflettere su chi sei oggi e cosa ti ha portato alla tua posizione attuale.

Pensa alla tua cultura, a come sei cresciuto, alle tue percezioni e a come tutto questo altera il modo in cui osservi il mondo intorno a te. Quando pongo loro queste domande, lentamente si rendono conto che la loro identità è attaccata alla carriera, ai successi, ai fallimenti, ma a poco altro. Si sentono in alto quando raggiungono un obiettivo e si sentono in basso quando falliscono. Capiscono quanto siano diventati dipendenti dalla validazione esterna e dal riconoscimento professionale e iniziano a vedere che sono dipendenti da fattori estrinseci e mancano di connessione con motivatori intrinseci.

La motivazione estrinseca causa pressione e stress, che, sommati alla mancanza di consapevolezza di sé e di cura di sé, scateneranno comportamenti negativi, reazioni emotive avverse e difficoltà nel connettersi con gli altri. Questo è coerente con il feedback che i colleghi tendono a esprimere nel feedback a 360 gradi.

Di solito, dopo aver avuto questa conversazione (che è severa e rischiosa), c'è una lunga pausa. Rimango in silenzio mentre il mio interlocutore si agita sulla sedia, riflettendo su quanto appena detto. Lo osservo passare da una posizione inclinata in avanti a una reclinata. Buttano fuori l'aria dai polmoni e, una volta che hanno elaborato le loro risposte e i loro sentimenti su di esse, dicono invariabilmente, «Wow, ora *ho capito*. E quindi, adesso che faccio?»

Poi mostro loro l'elenco di comportamenti su cui inizialmente avevano deciso di lavorare e chiedo: «Quanti di questi atteggiamenti sono innescati dalle cose su cui abbiamo appena discusso?» Iniziano pian piano a capire che la maggior parte dei comportamenti negativi derivano da problemi connessi alla motivazione estrinseca. Sentono che potrebbero gestirli meglio se non mettessero così tanta pressione su se stessi, non fossero così persi nella nebbia del lavoro e prestassero più attenzione ai loro valori. Poi iniziamo a identificare alcune modalità che ci aiutano a prestare maggiore attenzione ai nostri valori e alle azioni che supportano tali valori. Il cliente inizia rispondendo alle domande precedenti.

Ecco alcuni dei passi di cui discutiamo:

Non perderti nella tua carriera. Ammiro i successi delle persone motivate e i loro risultati. Tuttavia, se tali successi avvengono a discapito della loro salute mentale e fisica, nonché della perdita di identità, ne vale la pena?

Mentre procedi nella tua vita lavorativa, ricorda di fare una pausa e prenderti del tempo per fare esercizio, stare da solo, riflettere sulla vita o semplicemente respirare. Cosa ti servirebbe per andare avanti e uscire dalla nebbia, per prestare maggiore attenzione alla tua vita personale? Cosa devi lasciar perdere? Quanto ti senti a tuo agio nell'allentare la presa sulle cose e raggiungere un maggiore equilibrio tra il tuo lavoro e la tua vita sociale e spirituale? Quali potrebbero essere i benefici se trovassi quell'equilibrio?

Chiedo queste cose per farli riflettere, sapendo bene che sono domande difficili cui rispondere, e ancora di più da mettere in pratica. Ma trovare quel motivatore intrinseco è necessario per iniziare a spostare le tue priorità e inserire *te stesso* nei tuoi programmi. Importante almeno quanto pianificare i tuoi progetti lavorativi.

Rifletti su ciò che funziona per te. Tutti abbiamo linguaggi e modi diversi per connetterci con la nostra essenza, con le parti di noi che ci fanno sentire vivi, entusiasti, desiderosi di ottenere di più. Cosa ti ha fatto sentire così in passato? Qual è il progetto *per te* che accende una scintilla e ti illumina, che ti aiuta a riconnetterti con te stesso e i tuoi valori?

Impara a conoscere i tuoi punti di forza caratteriali. Quando conduco un sondaggio a 360 gradi, spesso chiedo ai colleghi dei miei clienti: «Se dovessi parlare con [inserire qui il nome del mio cliente] di un talento, di un superpotere che possiede e che vorresti riconoscesse di avere e usasse più spesso, quale sarebbe?»

Poi condivido la risposta con il cliente e lo aiuto a rifletterci sopra. Il solo accorgersi di avere una capacità che è stata notata dagli altri, spesso ci permette di riconoscerlo per la prima volta e poi farne buon uso.

Quindi, sentiti libero di chiedere la stessa cosa ai tuoi colleghi, amici o familiari. Probabilmente vedono in te qualcosa che non noti o ti rifiuti di esaminare.

Un altro modo per ottenere indicazioni a riguardo è fare l'autovalutazione dei punti di forza del carattere (la trovi sulla mia pagina web insieme ad altri modelli di valutazione online). Più tempo trascorri scoprendo parti di te stesso che hai trascurato, represso o mai riconosciuto, e meglio conoscerai le aree che necessitano della tua attenzione e che potresti usare a tuo vantaggio.

Lascia che la tua mente fluisca. Un mentore mi ha detto una volta: «Se metti una persona di fronte a un lampione e le chiedi di parlare al lampione per un'ora, arriverà da solo a capire molte cose.»

Potrebbe sembrare un po' sciocco, lo so, ma è davvero un esperimento ragionato sulla focalizzazione e sulla necessità di lasciare che la mente vaghi liberamente. Se trascorri del tempo da solo e sogni ad occhi aperti, quei sogni potranno aiutarti a riflettere. Se sogni ad occhi aperti mentre cammini, è ancora meglio, poiché la ricerca ha dimostrato che camminare migliora la creatività. Quindi fai un lungo viaggio in auto o un'escursione solitaria. Oppure, se necessario, inizia in piccolo. Fai una passeggiata per andare al lavoro, magari o, quando sei sull'autobus o sul treno, non guardare il cellulare; guarda fuori dal finestrino e lascia che la tua mente fluisca. Puoi anche scrivere un diario; il semplice atto di appoggiare la penna sulla carta può essere molto stimolante.

Fai qualcosa con le mani e con il corpo. Esci dalla mente ed entra nel corpo. Fai giardinaggio, dipingi, ripara qualcosa, crea, costruisci, progetta, scegli tu. Mentre lo fai, avrai l'opportunità di liberare la mente dai pensieri e lasciare che la tua mente vaghi.

Fai caso a ciò che percepisci. Nota quali pensieri ti vengono e osservali senza giudicare. Scopri come l'attività fisica può mitigare i tuoi stress mentali. Permetti che la consapevolezza arrivi fino a te.

Quelle e-mail e quelle linee di codice possono aspettare. Se è il tuo giorno libero, permetti che sia un giorno libero. Potresti voler rispondere a quelle e-mail il sabato mattina, ma, santiddio, e se non lo facessi? O se aspettassi altre dodici ore prima di rispondere? A volte ci sono scadenze urgenti, ma non è di questo che stiamo parlando. Mi riferisco a quelle attività che possono aspettare. E se siamo onesti con noi stessi, ci renderemo conto che molte incombenze possono aspettare.

Se ti ritrovi spinto dalle esigenze lavorative a scapito della tua qualità di vita, è probabile che tu abbia perso la tua identità a favore del lavoro, e che questo minacci la tua vita abituale. Rompere le abitudini è una sfida per tutti, specialmente dopo aver praticato le tue competenze tecniche per così tanto tempo.

Col tempo, ti sentirai più a tuo agio nello spezzare le abitudini e capire che cosa può aspettare, a vantaggio del tuo benessere.

Ti svelo un segreto: è probabile che nessuno dei tuoi colleghi apprezzi ricevere le tue e-mail di sabato. Anzi, probabilmente le detestano e rispondono solo per obbligo e abitudine.

Nutri la mente e lasciati ispirare dai viaggi e dalla lettura. Se vuoi capire la tua situazione e come sei caduto in comportamenti specifici, esponiti a nuovi luoghi e culture diverse. Il nuovo ambiente ti permetterà di riconoscere più facilmente i comportamenti ripetitivi e automatici e ti darà una visuale diversa su come potresti fare le cose.

La lettura è un altro modo per modificare "l'ambiente" in cui si muove la tua mente. Alla fine di questo libro troverai i miei principali suggerimenti di lettura, che ti aiuteranno a scoprire ancora di più su te stesso.

Inoltre, se ti è possibile, prenditi una vera pausa, non solo un lungo weekend o una settimana di vacanza, ma una bella interruzione. C'è qualcosa di magico e trasformativo nelle lunghe pause; resettano la tua mente, rinfrescano il tuo pensiero e generano idee innovative.

Mi è capitato spesso di fare delle pause prolungate, e ho notato che ci vogliono circa due settimane per staccarmi dalla vecchia routine e semplicemente "essere". La terza settimana, dopo aver messo una certa distanza dai vecchi schemi e permesso alle nuove idee di emergere, è quando la magia ha inizio. È allora che inizi a interagire con la vita reale.

Provaci! Hai molto poco da perdere, tranne le tue vecchie, comode abitudini.

In ultima analisi, tuttavia, spetta solo a te creare un nuovo te stesso, comprendendo cosa ti trattiene, sviluppando l'intelligenza emotiva e realizzando il tuo pieno potenziale. Puoi leggere questo libro, avere un coach che ti guida e scoprire incredibili cose su di te, ma non fare nulla al riguardo. Se non ti prendi cura di te stesso, il tuo vecchio mondo continuerà a bussare ancora e ancora alla tua porta.

Siamo solo noi i responsabili delle nostre decisioni e scelte. Forse non hai mai "scelto" di ritrovarti a questo punto, forse hai solo dimenticato o trascurato di curare la tua essenza e i tuoi valori.

Forse il vero te si è lentamente e nel tempo offuscato sullo sfondo, oscurato dalla nebbia dell'ansia e delle aspettative sociali. Anche se è facile incolpare l'universo, credo che, se dedicherai un po' di tempo a rivedere onestamente le tue priorità, ti renderai conto che alla fine la scelta spetta a te.

Allora perché diavolo così tanti di noi lavorano così duramente per trasformarsi in professionisti (e perfezionisti) prima di tutto, e in esseri umani solo in seconda battuta (ammesso che accada)?

Hai le competenze per avere successo negli affari, questo è chiaro. Allora, perché non applicare quelle stesse competenze alla tua vita personale ed emotiva? *Puoi farlo*, e lo sai bene. Devi solo dare priorità alla tua identità ed essenza rispetto alle percezioni e proiezioni degli altri. Se non lo fai, un giorno potresti guardarti indietro e chiederti, è valsa la pena di fare tutto ciò?

E poi ti sentirai parecchio confuso e ti chiederai soprattutto cosa diavolo fosse quel *tutto ciò*.

Ci sono molte cose che sono fuori dal tuo controllo. A dire il vero, la maggior parte delle cose sono al di là del tuo controllo, tranne il modo in cui rispondi a esse: il tempo atmosferico, il traffico, il comportamento degli altri. Ma ancora una volta, ciò che *è* sotto il tuo controllo è come scegli di percepire le cose, come scegli di vivere la tua vita e cosa farai riguardo al tuo futuro. Le persone ti rispetteranno di più se avrai il coraggio di essere te stesso al 100% e onorare i valori essenziali che consideri importanti.

Non è il tuo lavoro che ti descrive. Dopotutto, solo *tu* definisci *chi sei*. Devi solo iniziare a credere che sia vero.

Capitolo 6

Ripara le tue ferite con il kintsugi

L'arte giapponese del kintsugi è un metodo per riparare la ceramica rotta unendo le linee di frattura con oro o altri metalli. In questo modo, la rottura e la riparazione diventano parte della storia e dell'evoluzione del pezzo restaurato; in pratica, quest'arte celebra le cicatrici di un oggetto. Il concetto alla base del kintsugi è che da una ferita possa nascere una forma ancora maggiore di perfezione estetica e interiore.

Se potessi applicare questa tecnica al viaggio della tua vita, come potrebbe cambiare il modo in cui percepisci te stesso e gli altri?

Qualche anno fa, Leila, una data scientist sulla trentina, che lavorava per una importante azienda della Silicon Valley, fu invitata dalla sua società a lavorare con un coach.

Le sue sfide principali erano i problemi di relazione con i colleghi e la direzione.

Leila gestiva un team di quindici collaboratori. Era ambiziosa e molto competente, un'esperta nel suo campo. Come direttrice donna, aveva consolidato una buona credibilità con i colleghi maschi, ma sentiva comunque di dover essere sproporzionatamente assertiva per riuscire a mantenere il suo status.

Col tempo, il bisogno di Leila di essere apprezzata per il contributo che dava all'azienda iniziò a manifestarsi come risentimento verso i suoi colleghi. Questo risentimento era riflesso nel suo stile di comunicazione e atteggiamento. Se qualcuno faceva un commento sul suo lavoro, si sentiva criticata e si metteva sulle difensive. Se il suo team non condivideva qualcosa con lei, si chiedeva se stessero deliberatamente nascondendole delle informazioni, il che la portava a sentirsi giudicata e ansiosa per se stessa e il suo lavoro.

Con il passare del tempo, i suoi risentimenti si radicarono in giudizi e pregiudizi verso i colleghi, influenzando il modo in cui interagiva con loro. Per Leila diventò difficile persino partecipare alle riunioni periodiche e condividere le sue idee. I colleghi percepivano la tensione, si sentivano a disagio ed erano riluttanti ad avvicinarsi a lei per chiacchierare, per paura di innescare una discussione.

Nelle nostre sessioni, diventò chiaro che le percezioni di Leila sui suoi colleghi, in particolare su come pensava che la vedessero, era chiaramente una distorsione della verità e una delle ragioni del suo disagio. Qualcosa doveva cambiare.

Il fraintendimento sugli altri è un fenomeno che ho incontrato frequentemente nel mio lavoro, e di cui anche io mi sono reso colpevole. Non penso di aver mai conosciuto nessuno che non abbia avuto qualche fraintendimento su un'altra persona (o su se stesso).

Tutti abbiamo degli eventi scatenanti che possono farci cadere nella trappola di pensare troppo e non comprendere correttamente la realtà che ci circonda. Ogni volta che ci imbattiamo in schemi che possono causare ansia o condizionare ciò che sta accadendo, dobbiamo essere razionali e attenerci ai fatti. È il momento in cui dobbiamo usare la nostra mentalità logica e fattuale per aiutare a superare un "errore di elaborazione".

Mi è capitato spesso che i clienti ammettessero che il loro stile di comunicazione diretta derivava da pregiudizi sulle capacità e sulla credibilità dell'altra persona. Se non si percepisce l'altra persona come competente, si finirà per usare un tono brusco e un atteggiamento sostenuto.

Leila aveva osservato questo comportamento in se stessa. Quando le ho chiesto come pensava di poter cambiare questi pregiudizi ha detto che, anche se poteva cercare di lavorare per modificare le sue percezioni sui colleghi e affrontarli diversamente, non era sicura di volerlo fare.

Inizialmente, questo mi sorprese. Ma quando indagai più a fondo, spiegò che cambiare il modo in cui li vedeva e convincersi che, in realtà, l'altra persona era valida significava aver avuto percezioni sbagliate per tutto il tempo. E l'aver giudicato male i colleghi per tanto tempo sarebbe stato ancor più difficile da accettare.

Pensai che fosse una dichiarazione molto significativa. Prima di tutto, ero contento e apprezzavo la sua onestà e autenticità; era il primo passo verso la trasformazione. In secondo luogo, mi fece capire che prima di parlare dei suoi pregiudizi, avremmo dovuto discutere la sua capacità di autocritica. Ogni valutazione sull'esterno inizia dal valutare noi stessi. Giudichiamo gli altri nello stesso modo in cui ci giudichiamo, spesso duramente e senza perdono. Se credo che qualcuno non sia competente o sia un cattivo comunicatore, di solito utilizzo dei parametri di valutazione simili anche verso me stesso.

Ho imparato col tempo che l'auto-critica è spesso fatta inconsciamente e, visto che guardare noi stessi potrebbe rivelare aspetti della nostra personalità che non siamo ancora pronti ad affrontare, è più facile per noi puntare il dito verso qualcun altro. La ricerca spiega chiaramente questo atteggiamento: quando le persone sperimentano un contrattempo sul lavoro, o non finiscono un progetto in tempo, o affrontano un reclamo del cliente, si mettono sulle difensive o incolpano qualcun altro per la loro mancanza.

Per guarire dall'abitudine di giudicare gli altri e noi stessi, dobbiamo guardare e concentrarci sulle nostre ombre e imparare ad accettarci con compassione. Se vogliamo smettere di lanciare pietre all'esterno, dobbiamo smettere di lanciarle contro di noi.

La maggior parte delle persone con cui parlo sono, come me, guidate da un innato desiderio di risolvere problemi e aiutare gli altri. Eppure, non pratichiamo abbastanza l'auto-cura e la compassione. Avere auto-compassione significa trattare noi stessi con la stessa energia, gentilezza e cura che avremmo per qualcuno che amiamo. Se sei esausto, sovraccarico di lavoro o stressato, e la prima cosa che fai quando torni a casa dopo il lavoro è bere un drink o crollare sul divano, stai solo cercando di rilassarti e di alleviare temporaneamente la pressione, ma non stai nutrendo te stesso, non stai resettando la tua mente e ottenendo nuova ispirazione. Non c'è niente di male nel rilassarsi con un drink, ma non ti stai davvero prendendo cura di te con amore. Perché non essere più compassionevole con te stesso? Perché non volerti trattare meglio? Non c'è da meravigliarsi se ti è difficile essere empatico con gli altri, se di solito ti tratti in quel modo. Solo se provi compassione per te stesso, potrai avere compassione e comprensione per gli altri.

Paul Gilbert, il fondatore della *Compassionate Mind Foundation* (esiste anche Compassionate Mind Italia!), sostiene che la compassione non è solo difficile e potente, ma è anche contagiosa e potenzialmente in grado di cambiare il mondo. Dalla mia esperienza e dal mio percorso per divenire più auto-compassionevole, posso dirti che la gentilezza verso se stessi *funziona*. E una volta che hai iniziato a guardare dentro te stesso e sei diventato più comprensivo e compassionevole verso i tuoi difetti, è essenzialmente impossibile non vedere gli altri attraverso quella stessa lente.

Quindi, come funziona l'auto-compassione?

È in realtà piuttosto semplice. Nelle prime fasi, ho dovuto attraversare un processo mentale di giudizio del tipo «Oh cavolo, ho fatto casino!», seguito da una serie di parolacce, naturalmente. Ma poi ho imparato a fare una pausa, prendere fiato e fare uno sforzo cosciente per lasciar perdere la frustrazione e l'auto-risentimento. Certo, le vecchie abitudini erano così profondamente radicate che non è stato sempre facile (e a volte mi capita ancora di non riuscirci); le forti emozioni e la rabbia possono essere travolgenti. Ma col tempo diventa sempre più facile, e alla fine diventa naturale.

Ricordo a me stesso di lasciare il posto alla compassione, proprio come farei con un'altra persona. Dico cose del tipo «Va bene così, amico mio, non preoccuparti. Certe cose succedono.» Questo auto-dialogo compassionevole mi ha aiutato a sviluppare un senso di calore e rilassamento, il riconoscimento dei miei fallimenti come una parte normale e inevitabile della vita. Di conseguenza, sono in grado di confrontarmi con gli altri con maggiore chiarezza e compassione e vedere le loro imperfezioni in modo diverso.

Ora passiamo alla pratica.

Ricorda che il modo in cui pensiamo alle situazioni o alle persone tende ad influenzare la modalità con cui ci relazioniamo con loro. Per esempio, se non ci piace lavorare con Mary, la project manager, potremmo temere di avere con lei una conversazione spiacevole ogni volta che si avvicina. Se odiamo l'idea di fare una tele-conferenza con il nostro manager, è altamente probabile che, durante la chiamata, la nostra mente farà continuamente caso ai suoi difetti e mancanze.

Le idee preconcette possono essere distruttive per le relazioni, generare conflitti e creare esperienze negative per noi, specialmente quando poco o nulla di ciò che crediamo sugli altri è fattuale. Anche se hai elementi per dire che la persona X è davvero inaffidabile, non vuol dire che tu non possa modificare quel preconcetto. Sei l'unico che può controllare te stesso, le tue percezioni e i tuoi pregiudizi; sta a te cambiare i comportamenti riguardo a X.

C'è un modo per "prevenire" le tue reazioni cambiando il tuo stato mentale. Prenditi un po' di tempo per riflettere su questi punti:

- Pensa a una persona che ti scatena delle reazioni di rabbia
- Ora prenditi un minuto di tempo per ragionare su quella persona e pensa a tutte le cose negative che ti vengono in mente.
- Prendi un pezzo di carta e disegna due colonne.
- Nella colonna di sinistra, scrivi ogni pensiero negativo che ti viene in mente.

Bene. Adesso – indovina un po'? – ti chiederò di cambiare il punto di vista su quella persona.

Non alzare ancora gli occhi al cielo. Ricorda che la maggior parte della gente non è completamente buona né completamente cattiva. Per aiutarti a continuare, ti svelerò qualcosa che ho scoperto con ogni cliente con cui ho mai lavorato, senza eccezione. Col tempo, mentre si stabilisce un rapporto di fiducia, tutti diventano più trasparenti e vulnerabili. E dietro le barriere protettive che si sono costruiti attorno, scopro invariabilmente un essere umano con un cuore bellissimo che è gentile, ha buone intenzioni e vuole sentirsi a proprio agio.

Ti faccio un esempio: immagina di essere al volante, di ritorno a casa durante l'ora di punta e nel traffico intenso. Improvvisamente vedi un veicolo che ti taglia la strada, qualcuno che guida come un pazzo, passando da una corsia all'altra. «Che maleducato», potresti pensare. «Che imprudente!»
E se in seguito venissi a sapere che l'autista sta precipi-

tandosi all'ospedale, perché suo figlio è al pronto soccorso? Questa informazione cambierebbe completamente la tua prospettiva, no? Probabilmente ti sposteresti di lato per dargli strada, se conoscessi tutti i fatti.

O immagina che l'autista che ti ha tagliato la strada stia vivendo il giorno peggiore della sua vita. Immagina di trovarti in una situazione e in uno stato emotivo simili. Questo tipo di ragionamento empatico può davvero cambiarti il modo di ragionare. Di conseguenza, la rabbia può diventare empatia, assistenza e cura. Hai ristrutturato il tuo pensiero in pochi secondi coltivando l'empatia e l'immaginazione.

Adesso torniamo a quella persona che ti infastidisce e all'elenco dei suoi tratti negativi. Pensa di nuovo a quella persona e prova a immaginare eventuali suoi tratti positivi. In base a quello che salta fuori, prenditi un paio di minuti per scrivere alcune parole o frasi nella colonna di destra. Quando faccio questo esercizio con i clienti o in classe, i partecipanti a volte faticano a trovare cose positive, ma semplicemente ristrutturando il modo di ragionare, la maggior parte di loro riesce a trovarne almeno due o tre.

Ora, la prossima volta che avrai a che fare con quella persona, ricorda ciò che hai scritto nella colonna di destra. Fai caso alla tensione che si allenta. I pensieri positivi su quella persona, come influenzano la tua percezione? Se concentrassi la tua attenzione sulla colonna dei tratti positivi, piuttosto che quella dei tratti negativi, come cambierebbe la tua interazione con lei?

Questo esercizio può sembrare banale, ma fidati, funziona. È un esempio di ristrutturazione cognitiva. Il cambiamento è incrementale. Fin dall'inizio, sentirai meno tensione fisica e ti presenterai più calmo e meglio disposto a interagire. L'altra persona percepirà che ti senti a tuo agio e comincerà a comportarsi diversamente con te.

Saranno più rare le occasioni in cui ti si scateneranno reazioni negative, e sarà più facile che l'incontro termini in un'atmosfera di positività. Ogni volta sarà meglio. E pian piano, con la pratica, vedrai un cambiamento nella tua energia e in quella dei tuoi interlocutori. Non è sempre facile, ma vale la pena provarci.

Ti ricordi di Leila? Anche lei era riluttante a fare questo esercizio. Tuttavia, mentre provava a lavorarci, aggiungendo auto-compassione e cambiando la percezione sugli altri, le persone hanno cominciato a notare un cambiamento nel suo atteggiamento e comportamento, e sono state più incline a lavorare con lei e ad apprezzarne il lavoro.

Leila non ha avuto bisogno di sottrarsi, essere meno assertiva o cambiare drasticamente se stessa. Ha solo dovuto cambiare alcune delle modalità con cui interagiva con se stessa e con gli altri.

Non possiamo aspettarci che le persone siano perfette; nessuno di noi lo è. Man mano che diventiamo più tolleranti verso noi stessi, apprezziamo maggiormente la disponibilità altrui nell'esporre le proprie vulnerabilità, mostrare i difetti e ammettere gli errori. Facendo così, confermiamo di avere delle "incrinature" e applicando l'arte del kintsugi con noi stessi, possiamo guarire e crescere.

Esporre le nostre vulnerabilità è un modo elegante per presentarsi in modo più carismatico e autentico, per creare maggiore intimità, fiducia e comprensione.

Ulteriori punti di preparazione osservazione e riflessione

- **Sii consapevole delle tue percezioni e pregiudizi:** Qui ci sono due temi chiave. Riconoscere di avere opinioni e pregiudizi. Riflettere sul perché si sceglie di aggrapparsi ad essi. Quindi la domanda per te è: Quali sono questi pregiudizi? E perché ti ci aggrappi?

- **In conversazione:** Quando interagisci con qualcuno, quali sono le tue percezioni di lui o lei? Come pensi che la tua opinione influenzi il tuo tono? Cosa puoi fare diversamente la prossima volta?

- **Perdono:** E se avessi torto su una persona? Cosa puoi dire a te stesso che ti permetta di andare oltre e cambiare la tua relazione con lei o lui?

- **Pensare da soli:** Quando le cose non vanno nel modo giusto e falliamo, si tratta di errori o di momenti di apprendimento? Cosa rende un'esperienza un momento di apprendimento?

- **Pratica:** Sia al lavoro che in un contesto sociale, presta attenzione a come vedi gli altri. Solo per un momento, prova ad aggiustare la tua percezione. Cerca di farlo già nel tuo prossimo incontro o conversazione. Fai attenzione a cosa succede.

- **Mantieni l'autorità:** Hai capito che non devi rinunciare alla tua autorità né alla tua posizione? Al contrario; mantieni l'autorità e attieniti ai tuoi alti standard. Le persone ti apprezzano per questo, e se lo aspettano. Ma concentrati su come eserciti l'autorità. Sarai un comandante che giudica o un leader che ispira, ed è disponibile e ammirato?

- **Valuta il costo a lungo termine, se le cose non cambiassero. Poi valuta il beneficio del cambiamento:** Qual è il tono e il linguaggio che pensi di usare? Come influenzerà la relazione?

Kristen Neff, una ricercatrice sull'auto-compassione, ritiene che le persone con auto-compassione siano meno propense ad essere critiche verso se stesse, ansiose o depresse, e quindi con maggiori soddisfazioni nella vita. Inoltre, Breines e Chen affermano che l'auto-compassione può aumentare la motivazione al miglioramento personale, rendendoci più propensi a scusarci e a desiderare di non ripetere le trasgressioni. Un fallimento iniziale genera il desiderio di dedicare più tempo allo studio e il rendersi conto di una debolezza personale ci spinge a cercare di modificarla e a perseguire un miglioramento delle relazioni sociali. Entrambi questi punti sono utili per capire quanto sia importante essere disponibili ad accettare i fallimenti personali.

Capitolo 7

Come ti condiziona il bisogno di conferme

Era ora di pranzo nel centro di San Francisco e stavo per presentare il mio primo seminario sulla responsabilità sociale d'impresa. Il pubblico era composto da circa quindici amici e conoscenti venuti a sostenermi. Venti minuti dopo, sentivo il loro sostegno trasformarsi lentamente in pietà. Quasi tutti erano dolorosamente imbarazzati nel vedere la mia camicia sempre più scura, intrisa di sudore (sì, quel problema di traspirazione di cui vi ho parlato in precedenza). Quarantacinque minuti dopo, mentre ringraziavo tutti per aver partecipato, ho udito un sospiro di sollievo collettivo, come se tutti fossero sollevati che avessi finalmente finito. «La presentazione è stata fantastica» ha detto uno dei partecipanti, «Ma vederti così nervoso è stato straziante.» Che complimento, eh?

Nei due anni successivi frequentai corsi su come parlare in pubblico e tenni presentazioni in tutti i luoghi disposti ad accogliermi. Ben presto, sentii di non avere più nulla da imparare. Eppure, per quante presentazioni facessi, continuavo ad avere dentro un'ansia latente.

Alla fine, ho capito cos'era a innescare quell'ansia. Il desiderio di essere apprezzato e accettato mi rendeva molto critico nei confronti delle mie prestazioni, e ciò a sua volta influiva direttamente sulla capacità di presentare con tranquillità e successo.

Nessuno vuole sembrare stupido, specialmente di fronte a un grande pubblico. Tuttavia, ho compreso che il valore che mi attribuivo era talmente legato all'esito della presentazione, che mi impediva di focalizzarmi sul trasmettere valore al pubblico.

Il modo in cui l'ansia mi condizionava era tutt'altro che insolito; l'ho visto in prima persona e innumerevoli volte con i clienti di coaching e durante i seminari. Tutti ci innervosiamo, tutti siamo ansiosi, anche le persone di maggiore successo tra noi. Ma si può risolvere.

Henri, un direttore dell'ingegneria, mi ha detto durante una sessione di coaching che non si sente riconosciuto per il suo lavoro e il contributo all'organizzazione.

Ann, una product manager di una start-up ad alta tecnologia, mi ha parlato di tutto il lavoro che svolge e di quanto denaro fa risparmiare al suo dipartimento, ma ha detto di non sentirsi apprezzata per quello che fa.

Mark, uno scienziato dei dati, sente che il suo contributo nello sviluppo di strumenti analitici non viene riconosciuto per il suo effettivo valore, e nemmeno le sue idee.

Ho sentito centinaia di storie di persone che si sentono

invisibili e non apprezzate. In un altro capitolo, affronterò modi per far sentire alle persone che sono apprezzate; per ora, diamo uno sguardo a come il non ricevere conferme possa condizionare le persone. Poi, vedremo come cambiare il modo in cui ti senti quando credi di essere sottovalutato e non riconosciuto.

Nel loro libro *Eccellenza nella leadership*, Robert Anderson e William Adams scrivono del bisogno di approvazione nel contesto dell'efficacia della leadership:

«Più ci sentiamo caratterizzati dall'approvazione altrui, più è probabile che temiamo il rifiuto e siamo avversi al rischio, indecisi, vigliacchi e conformisti. Più sono i nostri risultati a descriverci, più è probabile che temiamo il fallimento e non riusciamo a delegare, collaborare, costruire un lavoro di squadra e permettere agli altri di impegnarsi in modo significativo e creativo. Tenderemo a relazionarci con le persone in modo autocratico e prevaricatorio. Se è la nostra capacità intellettuale a definirci, avremo paura di essere vulnerabili, non riusciremo a connetterci con gli altri, non riconosceremo la loro brillantezza e ci relazioneremo in modo arrogante, critico, condiscendente e difensivo.»

I discorsi in pubblico facevano scattare potentemente la mia trappola del "voler essere perfetto e gradito". Ma quante volte ci troviamo in circostanze che causano le stesse reazioni? Ecco alcuni esempi che si verificano frequentemente, in particolare in posizioni di leadership:

- Vogliamo la perfezione perché risultati perfetti ci metteranno nella migliore luce possibile.

- Controlliamo un processo perché ci serve a dimostrare il nostro valore.
- Quando guidiamo un team, siamo preoccupati di compiacere piuttosto che seguire una visione.

Spesso, cerchiamo una gratificazione a breve termine senza renderci conto che può associarsi a dei danni a lungo termine. Quando ci identifichiamo con le nostre prestazioni, sentiamo che il nostro stesso valore personale viene attaccato se siamo criticati o messi in discussione.

Credevo che la performance fosse una rappresentazione di me come persona. Quindi, quando temevo che la mia presentazione fosse messa in discussione, sentivo che ero *io* a essere messo in discussione. Questa paura creava ansia ancora prima di pronunciare una sola parola.

Quando lavoro con i clienti sulla validazione personale, li aiuto a riflettere sul perché sentono il bisogno di essere riconosciuti. Come ho detto prima, spesso è possibile controllare solo il modo in cui si reagisce agli eventi, non gli eventi stessi. Quindi li aiuto a concentrarsi per prima cosa sui motivi di queste reazioni.

Per aiutare i miei clienti, spesso uso l'analogia di un pilastro fatto di pietre. Questo pilastro rappresenta chi sono.

Chiedo: «Cosa serve per far stare questo pilastro dritto e forte, saldo e robusto, in grado di affrontare una tempesta o forti venti?»

«Deve essere costruito su solide fondamenta» rispondono.

«Bene. Cos'altro?»

«Le pietre devono essere posate l'una sull'altra in modo che si incastrino bene insieme, le più grandi e robuste in basso, in modo da poter sostenere le altre che sono sopra.»

«Eccellente. E di cosa devono essere fatte?» domando.
«Probabilmente qualcosa di duro, come il granito»
dicono loro.

Continuo a porre alcune domande fino a quando non
capiamo tutto ciò che è necessario per costruire un pilastro
forte che non cadrà. Poi gli chiedo di immaginare questo
pilastro come una rappresentazione di *loro stessi*. Le pietre
rappresentano aspetti della loro esperienza e personalità. Li
invito a pensare di costruire la loro colonna con pietre che
contengano ognuna una qualità del loro carattere. Se ogni
pietra avesse una parola incisa su di essa, cosa direbbe? Li faccio riflettere su questo, e spesso sono riluttanti a dire qualcosa
su di sé ad alta voce. In genere dicono «Ok, certo, lo farò.»

«Hmm, no. Vorrei sentirtelo dire ad alta voce adesso.»

Esitano e poi borbottano qualcosa del tipo: «Concludo
i progetti nei tempi dovuti.» Oppure: «Consegno prodotti
migliori delle attese.» O anche: «So sviluppare i programmi
più complessi.»

«Non è quello che ho chiesto» dico. «Stai solo descrivendo *come* fai il tuo lavoro; non stai descrivendo te stesso
come *persona*. Quali sono le qualità tue e del tuo carattere
che ti fanno lavorare in quel modo?»

A malincuore, rispondono: «Non lo so, credo di essere
puntuale.»

Li incoraggio a dire di più.

«Sono intelligente, sono determinato a finire quello che
inizio, sono affidabile, sono innovativo.»

Si può dire che siano finalmente riusciti a descrivere il
loro carattere quando passano a frasi che iniziano con «Io
sono», e li aiuto a prendere coscienza di quello che sta accadendo. Li esorto a notare quanto sia difficile per loro usare

termini elogiativi nel descrivere le proprie qualità. Certo, tutti manteniamo un certo livello di umiltà; non vuoi sembrare un narcisista, un saputello che si vanta. Ma è necessario riuscire a riconoscere il proprio valore e quello che si porta alle persone.

Se non riesci a vedere e riconoscere te stesso per chi sei, come potranno gli altri vedere quelle qualità in te? Una sana dose di orgoglio per il tuo contributo al mondo, al lavoro e alla famiglia è estremamente importante.

Quindi, in questo esercizio per costruire il tuo pilastro, inizia a riflettere su chi sei e con che cosa contribuisci. Quali parole incidere su ogni pietra? Comincia a scriverne qualcuna della lista proprio adesso.

Ecco il messaggio chiave: se non usi le pietre adatte, cioè se non sai quali qualità ti rappresentano, dovrai sempre fare affidamento sugli altri per identificarle per te; stai costruendo un pilastro che si regge su un supporto esterno per rimanere eretto. Immagina che il pilastro abbia sostegni da ogni lato per mantenerlo dritto. Gli ancoraggi esterni rappresentano tutte le persone da cui continui ad aspettarti riconoscimento e conferme. Se fai affidamento principalmente su di loro, indovina cosa succederà se non ti riconoscono per chi sei e per ciò che fornisci?

Lavoro con i clienti per farli diventare più autonomi e autosufficienti, affinché si rendano conto di quanto siano potenti e forti da soli; una volta riconosciute le loro qualità intrinseche, possono funzionare con successo senza dipendere dall'approvazione altrui. Poi, se e quando ricevono riconoscimenti da altri, possono goderne ancora di più.

I clienti mi hanno detto che, come risultato della focalizzazione sul loro pilastro, hanno iniziato a mostrarsi con maggiore fiducia agli altri, perché non dipendevano da loro per sostenere l'autostima. Hanno notato che i colleghi li vedevano diversamente. Erano interessati a loro perché ne percepivano la fiducia e autonomia.

Natalie, una tecnica di ricerca in laboratorio, mi ha confessato un giorno: «È strano come chiedessi sempre agli altri di validare le mie scelte. Ora la situazione si è invertita; la gente viene da me e mi chiede un'opinione prima di andare avanti con un'idea.»

Ora, non pensi che si tratti di una forma di riconoscimento più profonda e gratificante? I tuoi colleghi capiranno che non dipendi più dalle conferme esterne. Invece, riconosceranno il tuo valore chiedendoti di condurre un altro progetto, o ricercando il tuo aiuto per risolvere dei problemi o persino dandoti una promozione.

Questo è il vero riconoscimento e la vera conferma.

Ecco delle ulteriori strategie da considerare.

Ti ricordi il pietoso seminario di cui ho parlato all'inizio di questo capitolo? Quel giorno l'argomento era la responsabilità sociale d'impresa e, anche se ero appassionato all'argomento, alla fine è stata la mia necessità di conferme a prevalere. A prescindere da tutte le prove che avevo fatto, ero in preda all'ansia e avevo la disperata necessità di essere apprezzato. Poi un giorno, un mio amico mi chiese: «Roberto, ma perché lo fai?»

«Faccio cosa?» dissi io. «La presentazione sulla responsabilità sociale?»

«Esatto. Perché vuoi parlare di questo particolare argomento?»

«Beh, perché voglio che le persone imparino qualcosa di

nuovo e voglio che cambino in meglio. Voglio aiutare loro, l'ambiente e questo mondo.»

«Ottimo» disse. «Allora, perché non ti concentri solo su questo?»

Il commento mi colpì. Aveva ragione. Poi aggiunse qualcosa che mi è sempre rimasto impresso: «Se sei qui per aiutare, allora aiuta.»

Se sei qui per aiutare, allora aiuta. Questo modo di vedere le cose ha cambiato tutto per me. Quelle poche, semplici parole hanno trasformato le mie convinzioni. Smetti di pensare a cosa penseranno di te le persone, se ti apprezzeranno o meno. Sei qui per offrir loro qualcosa, e quello è il tuo scopo. Concentrati solo sul tuo scopo e smetti di pensare a tutto il resto.

Da allora, ogni volta che inizio una sessione di coaching, ogni volta che sono facilitatore ad un corso e ogni volta che parlo a un pubblico, ricordo a me stesso quale sia l'obiettivo.

Infatti, penso al mio obiettivo anche ora, mentre scrivo i capitoli di questo libro.

Quindi, anche per te le domande sono esattamente le stesse: Perché fai quello che fai? Cosa cambierebbe se smettessi di preoccuparti di quello che pensano gli altri e iniziassi a concentrarti sul tuo scopo?

Le risposte a entrambe le domande sono spesso inestricabilmente collegate. Quando ti concentri sulla tua motivazione e sulla tua intenzione, questa focalizzazione creerà un obiettivo. E l'obiettivo è ciò che ti spingerà in avanti, mitigando il tuo bisogno di conferme e rafforzando il tuo pilastro.

Quindi lascia che condivida con te il modo in cui ho costruito uno scopo per me stesso. Ti incoraggio a fare la stessa cosa.

Ascolta la tua vocazione. Cosa sei qui per fare? Cosa ti riempie di gioia ed entusiasmo?

Spesso crediamo che seguire il nostro percorso possa deludere gli altri. Tendiamo a temere il fallimento e a seguire la norma perché ci fa sentire accettati o, almeno, al sicuro. Sfortunatamente, se lasciamo che il riconoscimento esterno detti le nostre scelte, perdiamo tutti.

Steven R. Covey chiama il bisogno di conferme esterne la fase della Dipendenza. Quando siamo in questa fase di sviluppo, vogliamo che tutto sia certo, e spesso tolleriamo cose che non dovremmo. Abbiamo paura di perdere, quindi rendiamo i nostri obiettivi conformi a ciò che ci fa sentire al sicuro. Man mano che prendi coscienza di essere in questa fase di dipendenza e ascolti la tua voce, sarai in grado di passare alla fase successiva, Indipendenza o Auto-Definizione. È in questo momento che dovrai rivendicare le qualità che costituiscono il tuo pilastro e *aiutare*.

Prendi nota delle tue consapevolezze. Riconosci e annota come ti definisci, come ti relazioni con le persone e le conseguenze associate. Potresti elencare le qualità che hai già e quelle su cui potresti voler lavorare. Ad esempio, «Sono appassionato del mio lavoro, sono motivato, sono altamente organizzato, sono un leader naturale, sono un eccellente comunicatore, coltivo l'innovazione, valorizzo le differenze, so gestire le complessità.» Oppure, potresti semplicemente aggiungere «Non sono» a queste competenze e identificare quelle che devi coltivare di più.

Un altro modo per scoprire le tue qualità è tenere traccia dei feedback che le persone ti danno e di ciò che impari su te stesso. Poi, spetterà a te sfruttare i tuoi talenti e prestare attenzione a ciò che devi sviluppare. Uso un processo simile con i clienti quando hanno bisogno di identificare competenze e carenze nelle loro capacità di leadership, così possono poi creare un *Piano d'azione per lo sviluppo* per se stessi. Ho visto questo metodo funzionare estremamente bene.

Tieni traccia dei riconoscimenti. Ho un diario di riconoscimenti a cui fare riferimento quando i giorni sono duri. Mi sono reso conto all'inizio che tendevo a concentrarmi sulle poche recensioni negative che ricevevo e dimenticavo che per il 90% erano positive. È nella natura umana farlo, e incontro spesso questa propensione negativa con i clienti. Quindi ho deciso di tenere traccia dei riconoscimenti che ricevo. Non provo vergogna ad ammettere che ogni volta che il mio livello di fiducia è basso, li rileggo. Prova anche tu e vedi che effetto ha su di te.

Dai e prova piacere nel dare. Praticare l'altruismo è un altro modo per passare dall'essere egoriferiti all'aiutare. La ricerca ha mostrato che le persone più felici provano piacere dal successo degli altri e si preoccupano per gli altri. Al contrario, le persone infelici sono svuotate nel vedere i colleghi realizzare qualcosa degno di nota e spesso si sentono sollevate quando gli altri falliscono. La ricerca mostra anche che più una persona è felice, meno attenzione presta a ciò che fanno gli altri che sono intorno.

Se hai mai fatto volontariato o semplicemente aiutato gli altri, ti sei preoccupato di cosa pensavano di te? Ne dubito.

Quando offriamo una mano a qualcuno, siamo nell'atto di dare, e in quel momento quasi nessuno di noi ha dubbi su se stesso. Quindi pensa a come puoi trasferire quella mentalità al tuo lavoro e fare del tuo scopo e della tua intenzione il cardine di ciò che fai.

Sii coraggioso nella transizione. L'altruismo richiede che guardiamo alle parti più oscure di noi stessi (le nostre ombre) e le portiamo in superficie.

Dopo molti anni di tentativi di essere perfetto, di compiacere gli altri e di controllare il mio mondo, mi è stato difficile lasciare andare ciò che mi definiva. Tuttavia, l'esaurimento (e le giacche sportive rovinate) che ho sperimentato nel tentativo di mantenere quell'io falso, non erano più sostenibili. Ho scoperto che, in confronto, il lavoro richiesto per passare a una nuova prospettiva più autentica era molto meno oneroso.

In *Mastering Leadership*, Anderson e Adams scrivono: «Questa transizione è ardua perché, per intraprendere questo viaggio, dobbiamo liberarci del modo in cui ci siamo definiti. Liberarci della convinzione profondamente radicata che il nostro valore sia legato a come siamo visti dagli altri, a ciò che facciamo, a quanto siamo intelligenti o accettabili.»

Eliminando la necessità del confronto con l'esterno e concentrandoci invece sui nostri valori e sul viaggio verso i nostri sogni, possiamo reindirizzare l'energia e spostarla da una mentalità «Sarò realizzato quando...» a «Vedo il mio valore ora e so come posso usarlo per aiutare gli altri.»

Mentre ti liberi dal bisogno di approvazione, sarai in grado di guidare le persone in modi molto più gratificanti.

Più tardi approfondiremo il concetto di riconoscimento e di elogio, in particolare su quanto sia importante lodare e riconoscere gli altri.

Ma non sarebbe meglio se *non avessi* bisogno di affermazione come spinta per il tuo lavoro?

Ecco alcune domande su cui riflettere:
- Dipendi dall'approvazione altrui per sentirti incisivo?
- Come sono influenzati i tuoi valori personali dalla speranza di un'espressione di apprezzamento che potrebbe arrivare o meno? Come ti sentiresti se potessi ignorare il bisogno di validazione?
- Qual è la tua vocazione? Che cosa ti riempie di gioia ed entusiasmo?

Capitolo 8

Auto-sabotaggio e superamento dei propri limiti

Quante volte hai iniziato qualcosa, magari con grande entusiasmo, solo per vedere sfumare tutto quanto? Quante volte hai visto andare a pezzi una conversazione perché hai usato parole o frasi controproducenti o decisamente stupide?

Ti sei mai chiesto perché spesso falliamo nel raggiungere i nostri obiettivi?

Sia nella mia vita amorosa, che nei viaggi, nelle amicizie, nella carriera o negli affari, ricordo più fallimenti di quanti ne vorrei ammettere. È stato sorprendente per me capire – dopo molti, molti anni di fallimenti e delusioni – che ero intrappolato in un modello di auto-sabotaggio.

Di solito l'auto-sabotaggio avviene quando vogliamo qualcosa, ma abbiamo paura di non essere in grado di ottenerla. Di conseguenza, evitiamo proprio ciò che desideriamo.

Questa evasione e/o ritirata è di rado un processo consapevole, ma dopo averlo ripetuto per così tanto tempo, evitare e ritirarsi diventano l'atteggiamento predefinito in molte situazioni.

Tutti abbiamo un limite superiore e uno inferiore, e insieme stabiliscono il quadro entro cui di solito operiamo. Quando cerchiamo di raggiungere qualcosa che non si adatta a questo quadro, perché richiederebbe di rompere i vincoli imposti da quei limiti, rispondiamo con paura. Questa paura è ciò che ci spinge a metterci di traverso. Diamo un'occhiata più da vicino a come funziona.

Reddito e stile di vita forniscono un buon esempio.

Per me, il limite inferiore rappresenta il minimo che devo guadagnare per soddisfare le mie necessità di base. Se mi avvicino troppo al mio limite inferiore, devo darmi da fare per rimanere sopra la linea inferiore. Mi metto in moto per commercializzare me stesso, ridurre le spese, aggiungere ore alla giornata o fare il più possibile per vendere i miei servizi.

Sono diventato un esperto nel combattere quella soglia inferiore. La maggior parte di noi lo è, specialmente quando la povertà bussa alla porta.

Tuttavia, il limite superiore è dove tendiamo a sabotarci. Il limite superiore è dove ci impediamo di guadagnare di più, vivere una vita più grande, avere uno status più elevato, trovare una meravigliosa relazione o ottenere quel grande lavoro in quell'azienda di prestigio.

Come? L'auto-sabotaggio può prendere strade diverse. Un

modo può essere semplicemente dire: «Perché agitare le acque? Tutto sta andando così bene, finirai solo per rovinare le cose».

Un'altra reazione molto comune deriva dalla sindrome dell'impostore, cioè quella voce critica interna che mette in dubbio le nostre capacità, mina i nostri desideri e ci convince ad essere sospettosi verso noi stessi o verso le scelte che facciamo. Questa voce spesso riempiva la mia mente di pensieri distruttivi che mi impedivano di raggiungere i miei obiettivi. La paura generata dal critico che avevo dentro mi faceva rifugiare sotto le coperte, dove ero comodo e al sicuro, in un posto familiare con bassi rischi. Vivere una vita a basso rischio, tuttavia, significa anche vivere una vita che tende a essere noiosa e spesso non realizzata, piena di rimpianti. E non mi piaceva.

Secondo Gay Hendricks nel suo libro *Il grande salto*, il falso fondamento nel problema del limite superiore è costituito dalle quattro barriere della paura:

1. **Sentirsi fondamentalmente imperfetti:** Non posso espandere il mio pieno potenziale creativo perché c'è qualcosa di sbagliato in me.

2. **Infedeltà e abbandono:** Non posso espandere il mio pieno potenziale perché finirò tutto solo, non sarei rispettoso delle mie radici e abbandonerei le persone del mio passato.

3. **Credere che un successo maggiore implichi un peso più gravoso:** Non posso espandere il mio più alto potenziale perché sarebbe un fardello ancora più pesante di adesso.

4. **Il crimine di brillare troppo:** Non devo raggiungere il mio pieno successo perché se lo facessi, oscurerei gli altri e farei star male le persone.

Man mano che espandi le tue capacità è probabile che incontri alcune o tutte queste barriere. Prima di suggerirti dei modi per superarle, diamo un'occhiata ad alcuni esempi che potrebbero aiutarti a riconoscere un limite superiore e l'inizio dell'auto-sabotaggio.

I comportamenti di auto-sabotaggio possono assumere molte forme diverse e spesso non sono immediatamente visibili. Un modo per verificare è semplicemente chiederti se un comportamento ti sta effettivamente avvicinando ai tuoi obiettivi. Potresti, ad esempio, notare abitudini come la procrastinazione o il perfezionismo; questi sono segnali evidenti, se ti ritrovi a perdere tempo perché hai bisogno di raccogliere montagne di fatti prima di andare avanti. Oppure potresti notare che ti distrai con compiti non necessari; ciò avviene frequentemente quando crei impegni vaghi o compiti banali, dicendo, «Sì, lavorerò su quell'altra cosa la settimana prossima» o «OK, forse posso provare a finirlo domani».

L'auto-sabotaggio è spesso anche nascosto nel modo in cui diamo il via ai conflitti e li portiamo avanti. Ogni volta che pensi di avere buone ragioni per allontanarti da una situazione di disagio o vergogna, prova a guardarci meglio. Spesso, cerchiamo di trovare problemi o colpe in qualcun altro, in modo da non dover ammettere che siamo noi ad avere problemi che non siamo pronti ad affrontare. (Ricordi il mio comportamento vigliacco in quella riunione nel Capitolo 1?)

Nelle relazioni, l'auto-sabotaggio può derivare dalla paura del dolore emotivo e dalla necessità di proteggerci. Al lavoro, potremmo avere paura di deludere; abbiamo paura di non fornire quello che ci è stato richiesto, o sentiamo di non meritare una posizione o un progetto. Se facciamo un colloquio di lavoro, ad esempio, queste paure possono farci dire delle cose sbagliate, perché segretamente vogliamo farci scartare, speriamo che le persone non ci scelgano.

Se avverti ansia, paura, angoscia, negatività, auto-giudizio o il solito «Non sono abbastanza bravo», questi sentimenti potrebbero essere tutti segni di auto-sabotaggio. Le paure stanno intralciando il tuo obiettivo e ti spingono alla sconfitta.

Ecco cosa distingue l'auto-sabotaggio dalla genuina preoccupazione per sé stessi: quando ci auto-sabotiamo, le nostre paure si basano su supposizioni piuttosto che su fatti. Supponiamo che non avremo successo e quindi cerchiamo ovunque la conferma che le nostre supposizioni di fallimento sono corrette. Di conseguenza, e secondo un preciso progetto, ci convinciamo che i nostri fallimenti siano inevitabili e a causa di ciò, facciamo un passo indietro. Pertanto, dobbiamo chiederci se abbiamo una base fattuale per tali supposizioni. Se non abbiamo fatti solidi a sostegno di esse, dobbiamo rivedere la narrazione.

Spostati da affermazioni negative ad affermazioni positive; sii consapevole di quando ti concedi supposizioni dannose, e continua a riformulare il tuo dialogo interno per riflettere una nuova storia positiva. Il processo di riformulazione dei pensieri è essenziale per superare le tue barriere.

Ora ecco i miei suggerimenti su come superare le quattro barriere una volta riconosciuto un modello di pensieri auto-sabotanti.

Superare la barriera 1 – Sentirsi fondamentalmente imperfetti

Cerca di capire se i tuoi pensieri auto-sabotanti derivano da vecchi modelli o eventi che ti hanno influenzato in passato. Una relazione fallita, un rifiuto o una cattiva conclusione di un progetto possono lasciare un segno su di te, specialmente se non utilizzi una mentalità di crescita per superare i fallimenti. Non possiamo cambiare il passato, ma possiamo identificare questi comportamenti di auto-sabotaggio e scegliere consapevolmente di contrastarli.

Come contrastiamo l'auto-sabotaggio? Bene, dovrai affrontare quello che chiamo il "Mostro Verde" (MV). Almeno, questo è il nome che ho dato al mio sabotatore personale. Il Mostro Verde si presenta praticamente ogni volta che voglio fare qualcosa che è fuori dalla mia zona di comfort.

Il MV apre la sua grande bocca e dice: «Dai, Roberto, perché vuoi fare questa nuova cosa, cosa devi dimostrare a te stesso? Rilassati, siediti qui sul divano e guarda un film». Sono sicuro che anche tu abbia la tua versione del Mostro Verde.

Quello che ho scoperto funziona per me è "parlare" con il mio MV. Avere un serio tête-à-tête per chiarire le cose. Ho parlato con lui così tante volte che ormai il MV è diventato mio amico.

Se so che sta cercando di trattenermi a causa di paure infondate e di convincermi a rimanere nella zona senza rischi, gli chiedo di valutare le condizioni attuali e i possibili esiti positivi. Insieme elenchiamo i pro e i contro, separando le supposizioni dai fatti.

Non sono sempre dell'umore di parlare però, e quando non lo sono, semplicemente gli chiedo di lasciarmi in pace. Lo spingo via, perché ora non è il momento, ora è il mio momento di brillare e provare qualcosa di nuovo. Non fa niente se fallisco, ma devo andare avanti perché vivere nel rimpianto non è un'opzione.

Per aiutarti a reindirizzare i tuoi pensieri quando si presenta il Mostro Verde, fatti queste domande:

- Cosa succederà se le cose rimarranno come sono?
- Qual è l'impatto potenziale del cambiamento nel modo in cui lavori/vivi/mangi/fai esercizio, ecc.?
- Per quanto tempo ancora intendi sopportare le circostanze attuali?

Superare la barriera 2 – Infedeltà e abbandono

Ah, anche questa è stata un'esperienza personale: la paura che il successo mi allontanasse dai miei cari. Il timore di sentirmi solo e infedele alle mie radici. La distanza avrebbe significato essere sleale verso la mia famiglia, gli amici e la cultura in cui sono cresciuto. Non sarei stato presente per sostenerli e condividere le loro vite.

Ricordo le pressioni che sentivo dai miei genitori quando ho lasciato l'Europa per stabilirmi negli Stati Uniti. Volevo creare una nuova vita per me stesso e fare qualcosa di importante. In aggiunta a ciò, a volte sentivo colpa e dolore per essere separato dalle persone cui volevo bene. Di conseguenza, a volte mi trattenevo dal vivere pienamente le occasioni che c'erano nella San Francisco Bay Area e sabotavo la mia crescita professionale perché non ero sicuro di dover rimanere. Il mio Mostro Verde mi puntava il dito addosso per aver abbandonato le mie origini e diceva: «Se resti qui, finirai tutto solo, e tradirai le tue radici.»

Nel tempo, ho scoperto che, nonostante vivessi oltre oceano, non sarei stato dove ero se non avessi sentito l'amore e il sostegno della mia famiglia lontana. Sono riuscito a lavorare con successo negli Stati Uniti anche grazie al loro amore incondizionato. Mi sono reso conto che, nonostante la lontananza, non sono mai stato completamente solo o abbandonato.

Non solo avevo legami forti con le mie origini ma grazie al loro amore, ho anche costruito un'altra famiglia qui. Ho creato amicizie con persone che si trovavano in circostanze simili e mi sono reso conto che non ero solo o sleale, tutt'altro.

Questi sabotatori simili al MV hanno spesso origine dalle storie che creiamo e dai concetti che proiettiamo sugli altri. Ti consiglio di sfidare sia le tue storie che le tue proiezioni, comunicando con le persone che temi di trattare slealmente e parlando apertamente con la tua famiglia e i tuoi amici. Sii disponibile e vedrai che potrebbero sentirsi diversamente da come immagini.

Ironia della sorte, può capitare che siano loro stessi a dirti di andartene e iniziare a vivere la tua vita in modo indipendente. Inoltre, se qualcuno non fosse solidale con te e i tuoi sforzi, potresti voler rivalutare quella relazione.

Superare la barriera 3 – Credere che un successo maggiore implichi un peso più gravoso

Questa è insidiosa.

Possiamo essere così abituati alla nostra vita confortevole e alle abitudini, da temere che il successo ci sconvolga completamente. Abbiamo paura di mettere in discussione un lavoro comodo, che è facile e ci dà un buon stipendio. Quindi, pur desiderando una posizione più elevata, un reddito maggiore e più successo, ci sabotiamo perché temiamo che il successo sconvolga la vita che conosciamo e abbiamo. Anche i fallimenti che ci mantengono nelle condizioni attuali sono ormai una comoda abitudine e li accettiamo come parte della nostra vita o carriera. Quindi, il successo può rappresentare una trasformazione completa della nostra vita, una transizione importante in qualcosa che percepiamo come terribilmente estraneo, persino una minaccia.

Ad esempio, immaginiamo che tu desideri un nuovo progetto che potrebbe portarti più in alto all'interno dell'organizzazione. Tuttavia, quando ti rendi conto che non ci sono possibilità di avanzare, sei segretamente sollevato perché non dovrai sperimentare un cambiamento scomodo. Quindi, eviti il rischio della novità, ti godi la tregua e ritorni alla vita confortevole, ma stagnante che conosci.

Ho seguito persone che speravano di essere scartate per fare un discorso, perché avevano paura di parlare davanti a un grande pubblico, anche se avevano lavorato per mesi su quella opportunità e sapevano che avrebbe potuto facilmente far decollare la loro attività. Ho avuto clienti che mi hanno detto di non aver perseguito opportunità di affari perché temevano di non essere abbastanza bravi per fare il lavoro (anche quando quelle aziende li avevano contattati proprio perché credevano che fossero i migliori nel loro campo). I miei clienti avevano paura che se queste opportunità si fossero materializzate e fossero state un successo, le loro vite sarebbero cambiate drasticamente.

Fortunatamente, c'è un modo efficace per affrontare questa barriera. In poche parole: puoi guardare al tuo eventuale successo come a un onere, oppure puoi pensarlo con minore emotività, se lo consideri parte dello sviluppo normale delle cose. Cosa significa? Beh, devi modificare il modo in cui guardi al successo. Pensa al tuo nuovo lavoro, al discorso che devi tenere o ai nuovi clienti da conquistare, come opportunità da accogliere che puoi gestire al tuo ritmo, non come oggetti di intimidazione.

Ogni porta che si apre ti offre la possibilità di lanciarti in nuove opportunità. Ti spinge a fare piccoli passi per superare il limite superiore. Non rifiutare immediatamente le proposte; è normale sentirsi sopraffatti quando si riceve un nuovo incarico. Prenditi un momento, respira, discutine con qualcuno e vedrai che non è difficile allontanare quella prima reazione di paura.

Quando cogli un'opportunità, ciò non significa che non troverai l'andatura più adatta per affrontarla. Se riempi il frigorifero di alimenti freschi, ogni volta che apri quella porta, ti senti forse sopraffatto e dici: «Oh mio Dio, tutto quel cibo. Non riuscirò mai a mangiarlo!»? Certo che no; dopo una settimana di colazione, pranzo e cena, è tutto finito.

Fidati, lungo il cammino tutto si assesterà in modo naturale. E non dimenticare che sei ancora tu a comandare, e puoi gestire gli obiettivi un passo alla volta, alla tua andatura. Lentamente, ti troverai in una posizione migliore e sarai ancora in grado di goderti la vita.

Superare la barriera 4 – Il crimine di brillare troppo

Per questo quarto punto, inizierò con la poesia *La Nostra Paura Più Profonda* di Marianne Williamson:

La nostra paura più profonda
non è di essere inadeguati.
La nostra paura più profonda
è di essere potenti oltre ogni limite.
È la nostra luce, non la nostra ombra,
a spaventarci di più.
. . .

Il nostro giocare in piccolo,
non serve al mondo.
Non c'è nulla di illuminato
nello sminuire se stessi cosicché gli altri
non si sentano insicuri intorno a noi.
Siamo nati tutti per risplendere
come fanno i bambini
. . .
Non solo in alcuni di noi:
è in ognuno di noi.
E quando permettiamo alla nostra luce
di risplendere, inconsapevolmente diamo
agli altri la possibilità di fare lo stesso.
E quando ci liberiamo dalle nostre paure,
la nostra presenza
automaticamente libera gli altri.

Ho visto persone sabotare il proprio successo a causa dei sensi di colpa. Avevo un cliente che mi diceva: «Se avessi successo e guadagnassi molti soldi, sentirei di entrare in un mondo di privilegio, e non sarebbe giusto per coloro che soffrono.» Ho compreso quella reazione perché pensavo allo stesso modo in passato. Poi qualcuno mi disse: «Roberto, e se diventassi di successo e guadagnassi più soldi, e potessi aiutare le persone che ne hanno più bisogno? Non sarebbe un privilegio ancora migliore?» Questo ha cambiato la mia prospettiva. Prima, ero così bloccato nel mio senso di colpa che non mi rendevo conto di come limitavo la mia crescita e, con essa, la mia capacità di aiutare le cause o le persone a cui tenevo.

Continua ad espandere e fare brillare la tua luce.

Rimani connesso alle tue radici e agli obiettivi importanti che hai, e poi decidi come supporterai gli altri con la tua generosità.

Ora, mentre rifletti su te stesso – cosa vuoi raggiungere e chi vuoi essere – come stai sabotando i tuoi progressi? Mi ci è voluto molto tempo per superare queste barriere perché non avevo qualcuno che mi aiutasse a combattere contro queste tendenze. Ma nel corso degli anni, ho imparato ad essere più consapevole dei miei pensieri autolesionisti. Mi sono preso del tempo per capire la paura dietro quei blocchi, poi ho lavorato per andare avanti. Mentre lo facevo, le barriere si sono dissolte.

In sintesi, siamo più abituati ad avere a che fare con il limite inferiore perché ci crea disagio. Quando abbiamo paura di non poter provvedere ai nostri bisogni più basilari, tendiamo a combatterlo e a respingerlo con incredibile forza. Il limite superiore, tuttavia, è meno tangibile e meno visibile. Eppure, se vogliamo mantenere vivi i nostri sogni e le nostre visioni, dobbiamo lavorare altrettanto duramente per superare queste barriere.

Siamo fatti per il cambiamento e abbiamo una spinta innata ed infinita a perseguire gli obiettivi. È nella natura umana. Quindi possiamo anche imparare a gestire quella soglia superiore. Non prendere una decisione, e quindi permettere ai nostri sabotatori di prendere il controllo, è lo stesso che decidere di non fare nulla.

Domande:

- Hai notato modelli di auto-sabotaggio nel tuo lavoro, nelle relazioni o negli obiettivi?

- Guarda indietro alla tua vita e rifletti sui momenti in cui hai permesso a un sogno di svanire. Stavi per raggiungere il limite superiore?

- Qual è una visione che può ispirarti e darti il coraggio di infrangere quel limite superiore, così da poter creare una nuova normalità, più elevata, ma ancora confortevole?

Parte 2

Collaborare con gli altri

La password per una collaborazione efficace è l'*empatia*. Così come puoi adattare il tuo prodotto o un sistema a un utente specifico, così puoi adattare il tuo atteggiamento, linguaggio e comportamento alle persone con cui interagisci. Ricorda che sono semplicemente delle persone, con le loro preoccupazioni, emozioni e paure. La loro vita al di fuori del posto di lavoro è spesso complicata.

Così come devi essere presente, consapevole e attento nelle tue interazioni, devi veramente ascoltare e creare un rapporto con il tuo team e i colleghi. Ascoltare richiede empatia. Senza empatia, non riuscirai a instaurare una collaborazione efficace, né a raggiungere i tuoi obiettivi di carriera. Con livelli più alti di empatia, creerai connessioni più gratificanti e di fiducia, darai maggiori responsabilità ai membri del tuo team e aumenterai i risultati di business. Di conseguenza, sarai riconosciuto come un vero leader nel tuo campo.

Capitolo 9

Attenzione al linguaggio

Quando avevo vent'anni, ho fatto un viaggio zaino in spalla di quattro mesi nel Sud-est asiatico. Verso la fine, presi un aereo a Kathmandu, Nepal, e volai sopra l'Himalaya fino a Lhasa, in Tibet, dove io e i miei compagni di viaggio trascorremmo i successivi quattro giorni. Decidemmo di tornare a Kathmandu via terra e iniziammo il viaggio con un tragitto in autobus di nove ore da Lhasa a Shigatse. La strada era una delle più accidentate e polverose che avessi mai percorso, e mi diede una nuova interpretazione di cosa significhi "spezzarsi la schiena".

Il secondo giorno, facemmo autostop su un camion. Sedevamo fuori sul cassone aperto, superando passi montani a oltre 4000 metri. Indossavamo ogni singolo vestito che avevamo con noi per cercare di tenerci caldi; eppure, tremavo per ore. Poco prima del tramonto, ci fermammo in un ostello per camionisti a trascorrere la notte. La grande stanza non aveva riscaldamento, e mi svegliai al mattino con la febbre.

Il giorno seguente, ripartimmo sullo stesso camion per un viaggio di dodici ore fino a Zhangmu, un punto d'ingresso in Nepal. Ero malato e stanco. Quando arrivammo, riuscii solo a mangiare una scodella di zuppa e andarmene a dormire.

La mattina dopo mi svegliai e decisi di camminare fino al confine, che era solo a poche centinaia di metri dal mio hotel. Erano le 8:30 del mattino. La gente del posto era seduta su un muretto, fumava sigarette e mangiava dolci. Non sapevo cosa stessero aspettando, né mi importava. C'era un piccolo ponticello pedonale sopra la strada principale presso l'avamposto. Non vedevo cancelli o barriere, solo alcuni cartelli, in cinese illeggibile, e nessuno dei tipici grandi segnali di stop rossi. Guardai in giro e dentro l'edificio ai piedi del ponte. Chiamai qualcuno, ma non ottenni risposta. Non c'era nessuno, pensai, e così proseguii oltre il confine.

Ero appena passato quando sentii un uomo urlare contro di me dalla cima del cavalcavia. Non capivo nulla di quello che diceva, ma mi gesticolò di girarmi e tornare su. Obbedii. Mentre mi avvicinavo, continuava a urlare, e mi spinse dentro una stanza all'interno. Afferrò il mio zaino e lo lanciò nel mezzo del pavimento. Non avevo idea di cosa stesse succedendo.

Poi puntò il mitra su di me, e lo vidi armare la maniglia di carica sul lato destro. Non buono, pensai, per niente buono. Lo caricò.

Avevo visto cose del genere nei film molte volte, ma non avevo mai avuto un mitra puntato contro. In più, ero ancora febbricitante. E quell'uomo era chiaramente arrabbiato. Continuava a urlare, e io continuavo a non capire una parola. A quel punto, mi pulsavano le tempie e batteva forte il cuore, avevo bocca e occhi spalancati. Sapevo che dovevo disinnescare immediatamente la situazione. Ma come? Come potevo comunicare senza conoscere la lingua?

Quel momento fu significativo per me, poiché mi insegnò che, per quanto il linguaggio sia importante, le espressioni, l'atteggiamento e il modo di pensare hanno un ruolo altrettanto importante nel trasmettere un'impressione e comunicare un messaggio.

La prima cosa che feci fu alzare le mani all'altezza del petto e fare un gesto calmante su e giù. La guardia continuava a urlare contro di me. Poi procedetti a spiegarle, con i gesti delle mani e con la voce, che ero passato (dita che camminano) e avevo guardato dentro (indicando i miei occhi e poi fuori e intorno), che avevo chiamato (mimando la ricerca con occhi spalancati e dicendo «hello, hello») e poi ascoltato se ci fosse qualcuno (mano a coppa dietro l'orecchio e occhi grandi che guardavano). Poi feci quella faccia che fai quando alzi le mani in aria ed esprimi in qualche modo il concetto «Non so che altro dire, vedi tu», e feci di nuovo camminare le dita, per mostrare come avessi continuato a camminare. Intanto, il battito cardiaco mi era probabilmente arrivato a 140. Per la prima volta nella mia vita, pensai che avrei potuto farmi la pipì addosso dalla paura.

L'uomo maneggiò un po' il mitra e poi lo abbassò. Il suo corpo mi diceva che aveva capito che ero stato – e probabilmente ero ancora – solo un idiota e non un malintenzionato. (Forse aveva anche avuto paura che il suo superiore lo sgridasse per aver lasciato la postazione e avermi lasciato "intrufolare" oltre il confine.")

Ad ogni modo, mi indicò le ore nove su un grande orologio appeso al muro, come a comunicarmi l'orario di apertura, e a chiedermi di aspettare fino ad allora. Raccolse lo zaino da terra e mi aiutò a rimetterlo sulle spalle. Uscii dall'edificio e risalii la strada, aprendo la giacca per far asciugare il sudore. Con la testa bassa, mi avvicinai agli altri tizi del posto e mi sedetti sul muro con loro, con i piedi a penzoloni, il sistema nervoso ancora in subbuglio.

Sarebbe stato meglio comprarmi un dolce, pensai. Quelle persone non avevano idea di quello che avevo appena passato.

Ciò che ho capito quel giorno è qualcosa che molti di noi hanno sperimentato: in una situazione disperata, potremmo doverci affidare ai nostri mezzi di comunicazione più elementari.

Quel momento di paura e stress mi ha fatto capire l'importanza di prestare attenzione a ogni gesto, espressione, tono di voce e atteggiamento nel relazionarmi con gli altri. In quel momento non potevo permettermi di fare un errore. Avevo solo una conoscenza rudimentale dei gesti (anche se molta pratica, come italiano), ma avevo ben presente l'importanza della comunicazione non verbale. Molti studi hanno dimostrato che se ascolti solo ciò che una persona dice e ignori quello che le sue espressioni e il linguaggio del corpo ti trasmettono, conoscerai solo metà della storia. Allo stesso modo, se non sei consapevole di come le tue emozioni influenzano il modo in cui ti presenti nelle conversazioni e del messaggio che le tue espressioni facciali e i tuoi gesti inviano, potrai arrivare solo fino a un certo punto nella costruzione del rapporto.

Alcuni anni fa, ho visto un documentario su un esperimento che dimostrava come un dettaglio apparentemente insignificante potesse creare un risultato completamente diverso nella percezione delle persone. L'esperimento si svolgeva in un negozio. Quando i clienti pagavano gli acquisti, il cassiere doveva toccare leggermente la mano del cliente mentre consegnava lo scontrino. Questo veniva fatto solo con la metà degli acquirenti; l'altra metà non riceveva alcun contatto fisico.

Mentre i clienti uscivano dal negozio, qualcuno chiedeva la loro opinione sul cassiere e sulla qualità del servizio ricevuto. Ed ecco la parte interessante: quando il lavoratore toccava la mano dei clienti, gli acquirenti davano un feedback positivo; quando il lavoratore non toccava le loro mani, l'opinione era neutra o negativa. Questo dimostra che anche i più piccoli contatti fisici (ad esempio, una semplice pacca sulla schiena per riconoscere un lavoro ben fatto) possono avere un'enorme influenza su come interagiamo gli uni con gli altri. Immagina quindi l'impatto che può avere modificare il tono di voce, l'espressione del viso o la scelta delle parole.

Tornando al confine cinese, le conseguenze del mio comportamento avrebbero potuto essere completamente diverse se avessi manifestato rabbia o indignazione. Non furono solo i gesti a salvarmi, fu l'interazione umana.

Si comunica con tutto il corpo: gli occhi, il tono della voce, come ci si comporta. Se sei attento a come interagisci con gli altri, sia verbalmente che non verbalmente, rimarrai stupito di quanto più gli altri potranno comprenderti e, di conseguenza, fidarsi di te. Anche se la comunicazione non sarà perfetta, il pubblico saprà che hai cercato di fare del tuo meglio.

Ogni interazione ti offre l'opportunità di affinare l'arte di comunicare. Non sto parlando solo di presentare fatti e dati; questa è solo una faccia della comunicazione. Ho visto ingegneri, scienziati dei dati e chirurghi che erano straordinari nel trasmettere anche i concetti più complessi. Potevano parlare di regressione lineare, iperparametri, discesa del gradiente o teoria dei giochi. Quello che rendeva i loro discorsi così convincenti era il fatto che usavano un linguaggio perfettamente adattato al loro pubblico. "Adattato" non significa assolutamente che parlassero in modo non sincero; sapevano solo come usare termini con cui il loro pubblico poteva relazionarsi.

Ora, applica questo principio di adattamento ad altri tipi di comunicazione, in cui modifichi anche l'atteggiamento, le espressioni e il tono della voce. Facendo così, permetterai agli altri non solo di relazionarsi alle informazioni, ma anche a *te*.

Quando comprendi e sai come utilizzare sia le abilità non verbali che la comunicazione verbale, non vengono apprezzate solo le tue capacità tecniche, ma anche le caratteristiche personali.

Questa comunicazione completa ti permetterà di mettere in mostra meglio le tue idee e guadagnare terreno nell'organizzazione. Se i tuoi colleghi comprendono le informazioni che comunichi, ma non la tua capacità di guidare, ispirare o influenzare, come potranno vederti per tutto ciò che sei?

La chiave per migliorare la comunicazione è diventare consapevoli della dissonanza tra come pensi di comunicare e come gli altri percepiscono la tua comunicazione. Quindi, prima di approfondire ulteriormente, diamo un'occhiata ad alcuni comportamenti comuni che usiamo per proteggerci.

Sono stato – e, a volte, sono ancora – colpevole della maggior parte dei seguenti fenomeni (adattati da Mark Goulston).

Ciò che Pensi di Essere	Come Potresti Essere Percepito
Convincente	Arrogante, condiscendente, presuntuoso
Astuto	Furbo, disonesto
Umoristico	Inappropriato, indecoroso, di cattivo gusto
Appassionato	Impulsivo, brusco
Qualcuno con grandi idee	Dogmatico, giudicante
Forte	Rigido, intransigente
Orientato ai dettagli	Pignolo, schizzinoso, poco risoluto
Sensibile	Bisognoso, permaloso, difensivo
Tranquillo	Passivo, tollerante, indeciso
Energetico	Iperattivo, disordinato

Come vedi, il modo in cui gli altri interpretano la personalità che offri pubblicamente può essere molto diverso da quello che pensi di proiettare. Se non sei consapevole di questa discrepanza, rischi di sabotare le tue relazioni.

Se non sei sicuro di come vieni percepito, un modo eccellente per scoprirlo è chiedere ai tuoi amici più stretti o ai colleghi. Potresti fare un semplice sondaggio anonimo o chiedere direttamente a loro di darti una risposta onesta.

Ecco un semplice esercizio che ho fatto in aula, e i partecipanti hanno ricevuto le risposte più interessanti. Prendi il telefono e invia un messaggio a persone che ti conoscono bene. Dà loro qualche ora per rispondere e chiedi loro di dirti la prima cosa che gli viene in mente, con onestà, basandosi su queste tre domande:

1. Cosa hai notato riguardo alla mia modalità usuale di reagire e comportarmi quando sono sotto stress?
2. Come mi mostro e qual è il mio comportamento, quando qualcuno o qualcosa mette in discussione i miei valori?
3. Come mi comporto quando sono in un momento felice della mia vita e come influisce questo sulle persone intorno a me?

Chiedi che ti rispondano anche solo con qualche parola chiave per ogni domanda, non c'è bisogno di lunghe spiegazioni. Poi confronta le loro risposte con ciò che pensi sul tuo atteggiamento. Ti aiuterà a essere più consapevole della situazione, e meglio anticipare le tue reazioni.

Man mano che arrivano le loro risposte, fai caso a quello che ti succede. Le risposte ti sorprendono? In quali contesti o conversazioni ricordi di essere apparso in questo o quel modo?

Quando pongo queste domande ai clienti, spesso conoscono già le risposte. Dicono qualcosa del tipo «Sai, ho notato che c'era qualcosa di strano in quella conversazione» oppure «Mi chiedevo perché non avessi più avuto sue notizie da quando abbiamo parlato» o «Ho avvertito un certo disagio subito dopo aver detto questa certa cosa.» Per quanto riguarda me, per esempio, in genere capivo di aver detto la cosa sbagliata perché sentivo un'ondata di calore o arrossivo per l'imbarazzo. Se ci fermiamo un attimo a ragionare sulle nostre percezioni (che sono spesso di disagio), ci rendiamo conto di quando, in passato, abbiamo "oltrepassato la linea". Ti accorgerai che le risposte dei tuoi amici erano oneste e devi affrontarle onestamente.

Quando ti trovi dall'altra parte di quella linea, devi (1) *Riflettere* su cosa ti ha portato lì. È qualcosa che hai detto o non hai affrontato? Avevi l'atteggiamento sbagliato o pregiudizi prima della tua conversazione? Cosa ha provocato quella situazione difficile? Mentre rifletti su quello che è successo, dovrai anche (2) *Riconoscere* che potrebbero esserci aree di te stesso e del tuo comportamento che necessitano di qualche aggiustamento.

C'è un modo semplice per sapere quando hai completato il passo (1), perché sentirai scatenarsi dentro di te il passo (2), cioè il riconoscimento. Ti sentirai a disagio e forse anche umiliato per il tuo comportamento passato. Tuttavia, se hai il coraggio di affrontare i tuoi errori e forse anche di scusarti con gli altri, alla fine la sensazione di avere raggiunto il successo prevarrà sulla vergogna.

Infine, è altrettanto importante riconoscere le risposte alla terza domanda che ti ho chiesto di porre ai tuoi amici e colleghi. Anche le situazioni in cui hai comunicato in modo empatico e amichevole dicono molto su di te. Non faremmo un buon servizio a noi stessi se ci concentrassimo solo sui nostri difetti ed errori. Capire quello che già funziona è altrettanto fondamentale.

Se condivido i metodi che io stesso utilizzo per migliorare le relazioni, è perché ho fatto caso a ciò che funziona per me. Anche tu devi riconoscere i diversi modi in cui ti connetti con gli altri. Quali sono i modi unici e carismatici che hanno funzionato? Sfruttali e usali per creare relazioni. Ti garantisco che la collaborazione e la confidenza miglioreranno.

Il cambiamento è sempre dietro l'angolo. Il modo in cui ti vedi e chi vuoi essere si creano – o distruggono – in singoli momenti di coraggio o di irritazione, nella consapevolezza o nell'ignoranza. Quando quella guardia cinese ha armato il suo mitra e me lo ha puntato, ho dovuto radunare il poco coraggio che avevo (e non era molto, davvero) per non perdere il controllo.

Ti capiterà di sbagliare e sbagliare di nuovo; Dio lo sa, che succede ancora anche a me. Ma quello che conta è ciò che fai con i tuoi fallimenti. Hai il potere di ammettere i tuoi errori e lavorarci su fino a quando non saranno risolti. L'hai fatto un milione di volte con tutte le tue equazioni e programmi; puoi applicare lo stesso processo a te stesso.

E non essere duro verso di te quando ti rendi conto che avresti potuto fare meglio. Da ogni esperienza c'è qualcosa di buono da imparare. Trovare quel lato positivo è ciò che ti permette di andare avanti. Se vuoi rimanere bloccato nello stesso dilemma, pieno di risentimento e vittimismo, fai pure, e buona fortuna. Se, invece, vuoi superarlo, devi perdonarti, essere grato per ciò che impari, cercare la prossima opportunità e andare avanti.

Immaginati a un valico di frontiera. Però, non stai per attraversare una linea di confine, ma devi raggiungere qualcuno che sta al di là di un tavolo da riunione. Nessuno ti sta puntando una pistola; eppure, può essere che ti senta sotto pressione. Devi raggiungere i tuoi obiettivi, e per creare il rapporto di cui hai bisogno dovrai adattare ai tuoi interlocutori il tuo atteggiamento, linguaggio e comportamento.

Domande:

- Sei consapevole di come ti presenti nelle conversazioni (il tono della voce, la postura, il linguaggio del corpo e l'impressione che dai)?
- In generale, come ti percepiscono le persone? Prenditi del tempo per riflettere sulla tabella di Mark Goulston. Ti ricordi dei momenti in cui la tua autopercezione differiva da come gli altri ti percepivano?
- Quali aggiustamenti credi di dover fare?

Capitolo 10

Controsterzare
e l'arte dell'ascolto

Quando incontriamo persone influenti, spesso sembra che una forte aura si irradi da loro. Quando comunicano con gli altri, sono concentrati e impegnati sia con l'interlocutore che nel modo di interagire. Sono, in una parola, pienamente presenti. Essere lì, aperti e attenti, è il modo più potente – e il più educato – di connettersi con il proprio pubblico. E richiede un'abilità davvero cruciale: ascoltare, ascoltare sul serio.

Il malinteso più comune riguardo alle motociclette riguarda il modo di prendere una curva. A differenza delle auto, con cui devi girare il volante a destra o a sinistra per cambiare direzione, con le moto ti inclini nella curva iniziando con un "controsterzo". Sì, per quanto possa sembrare strano, fai una rapida sterzata a sinistra per girare a destra. Se ti piacciono le spiegazioni scientifiche, eccoti servito:

Il controsterzo è sia un'azione che un risultato, ottenuto impiegando la sterzata ed è il primo passo nel processo di inclinazione e curva. Spingi sulla manopola destra del manubrio per andare a destra, su quell'altra per andare a sinistra. In una curva a destra, il controsterzo si verifica quando la gravità e le forze giroscopiche spingono momentaneamente la ruota anteriore verso sinistra, il che costringe la moto a piegarsi verso destra. Il pilota e la moto si inclinano attorno al centro di massa. Per girare, il pilota sterza la ruota anteriore leggermente fuori dalla traiettoria, il che sposta il punto di contatto lontano da essa, costringendo la parte superiore della moto a inclinarsi verso la curva.

Capito? Ne ero sicuro. E per il resto di voi che ha gli occhi strabuzzati, immaginate che vi facciano lo sgambetto: i piedi vanno da una parte, ma il corpo cade dalla parte opposta. Ci sono altre forze in gioco su una moto, ma questa è la spiegazione di base della sterzata.

L'obiettivo iniziale di un motociclista principiante è rimanere in piedi. Dopodiché, i piloti devono imparare a mantenere l'equilibrio nelle curve. Se vanno troppo piano e si piegano troppo, cadono. Se vanno troppo veloci, vengono spinti fuori dalla curva. Se si inclinano dal lato sbagliato, non in allineamento con la moto e la curva, perdono il controllo e si schiantano. È solo piegandosi nella curva, con il corpo allineato con la moto, alla giusta velocità, che tutto fluisce bene.

Sembra complicato? In realtà non lo è; se sai andare in bicicletta, sciare o fare snowboard, stai già inconsciamente utilizzando alcuni di questi principi: inclinarti, allinearti e seguire il flusso del movimento.

Quando partecipi a un dialogo – qualsiasi dialogo, davvero – devi applicare gli stessi esatti principi. Diciamo che hai bisogno di affrontare alcune questioni con un membro del team. Sai che la sua reazione è, alla fin fine, fuori dal tuo controllo, ma se lasci perdere il bisogno di controllo, controsterzi e ti inclini scegliendo uno stato mentale che faccia fluire insieme il linguaggio del corpo, le parole e il comportamento e ti mantieni allineato alla persona che stai affrontando, ti presenterai in modo carismatico e premuroso. Ciò che è interamente sotto il tuo controllo è scegliere chi vuoi essere nella conversazione. La prima e più importante capacità è essere presenti. Per vedere come funziona, torniamo sulla moto metaforica.

Dico sempre alle persone che andare in moto è il modo migliore e più veloce per capire cosa significa essere presenti e consapevoli. Il motivo per cui devi essere presente è che non hai altra scelta. Se sei distratto, non concentrato sulla strada e non pronto a reagire, puoi mettere nei guai te stesso (e gli altri). Se non noti la ghiaia o la buca sulla strada, le pozzanghere o le perdite d'olio, se non sei consapevole del milione di cose che possono sorprenderti in qualsiasi momento, sei in grave pericolo.

Essere presenti su una moto non è solo essere consapevoli dei pericoli esterni, devi anche essere consapevole dei tuoi pensieri e sensazioni. Non devi lasciare che la tua mente vaghi, preoccupandoti, ad esempio, per il lavoro o giudicando gli altri conducenti (anche se so che non è facile). Sei al sicuro solo se rimani concentrato, consapevole e presente in ogni momento.

Le persone carismatiche sono così, attente e presenti. Sono consapevoli del loro ambiente, di ciò che sta accadendo davanti a loro e sono concentrate sulla persona con cui interagiscono.

Una persona carismatica ascolta sul serio.

Forse ti consideri un buon ascoltatore, forse pensi di avere già queste qualità. Se è così, vorrei chiederti di essere disposto a cambiare idea sul significato della parola ascoltare e come sia marcatamente diverso dal semplice udire. Ho praticato e insegnato una varietà di metodi, ma penso che ciascuno di essi possa essere ridotto a tre diverse fasi:

1. **Te stesso**: In questa fase, il tuo focus è soprattutto su te stesso; anche il modo in cui ascolti è tutto su di te. Invece di ascoltare l'altra persona, la tua mente corre dappertutto per trovare soluzioni. Ascolti le voci nella tua testa e non vedi l'ora di condividere il tuo punto di vista. STOP! Questa è la cosa più irritante che puoi fare, e non ti rendi nemmeno conto di quanto sia dannoso per le tue relazioni. Non sei presente e si vede dalla tua faccia, occhi, atteggiamento ed energia. Per l'altra persona è chiaro che non presti attenzione e questo la farà arrabbiare.

Perché? Principalmente, se il tuo ascolto riguarda te, l'altra persona avrà la sensazione che ciò che ha da dire ha poca importanza; lo fai sentire irrilevante. Smetti di illuderti che le persone non notino la tua mancanza di attenzione. Ora, ecco come cambiare il modo in cui ascolti: spostalo su di *loro*.

2. **Gli altri:** Questo è il momento in cui inizi a prestare attenzione all'altra persona. Sei pienamente presente, senza distrazioni, e plachi la tua mente per focalizzarti su di lui o lei e su ciò che condivide con te. Ora sei in uno spazio che è definito più dalla tua curiosità che dalla tua necessità di offrire risposte. In questa modalità, sarai in grado di scoprire e imparare dell'altra persona e, molto probabilmente, scoprirai qualcosa di nuovo. Quando ascolti davvero qualcuno, rifletti anche su ciò che stai ascoltando e fai domande per capire meglio. Presti attenzione non solo a ciò che le persone dicono, ma anche al loro tono di voce e postura. Ti permetti di essere completamente disponibile verso l'altra persona.

In questa fase, devi imparare ad essere a tuo agio con il silenzio, fare un respiro e rilassarti nella conversazione senza sentire la necessità di "intervenire" tutto il tempo. Non è uno spettacolo radiofonico; puoi permetterti dei vuoti nella conversazione ed essere paziente con il silenzio. Sii una spugna, sii consapevolmente coinvolto e parla solo per fare domande o per portare chiarezza.

Mentre ascolti, assicurati di dare un riscontro. Puoi fare un semplice cenno del capo, un'espressione comprensiva o usare frasi come, «Capisco», «Interessante», «Bella idea» o

«Mi sembri deluso, arrabbiato, preoccupato». Poi rimani in silenzio e vedi cosa succede.

Se sai ascoltare, ti accorgerai subito di essere apprezzato e che l'altra persona si sente ascoltata. Osserva come la gente si rilassa durante la conversazione. Spesso, smettono di parlare velocemente, si lamentano di meno e ammorbidiscono la postura. Noterai come cambia il tono della voce e il corpo passa da una posizione in avanti all'appoggiarsi indietro. Ora questa persona si sente notata. Se dai la priorità al vedere le persone, loro ti vedranno più probabilmente come qualcuno di cui si possono fidare. Quando percepisci quella connessione, è come collegarsi l'uno all'altro e ascoltare la musica all'unisono.

3. **La percezione completa:** In questa fase ti trovi in uno stato ancora più elevato di presenza, in cui ascolti con tutti i tuoi sensi. Percepisci l'energia nella stanza, ascolti le parole dietro le parole e senti ciò che la persona sta condividendo. Comprendi ciò che accade osservando le espressioni facciali. Presti attenzione al linguaggio del corpo, al tono della voce e all'energia. Man mano che la tua curiosità aumenta, segui l'istinto e fai domande aperte per dare riscontro su quello che percepisci, come: «Sento della frustrazione. Cosa sta succedendo?» o «Sembra che qualcosa non vada. Manca qualcosa?» o «Non la vedo convinto. C'è altro di cui vorrebbe parlare?»

Fare domande come quelle descritte dimostra che sei consapevole ed empatico nei confronti dell'altra persona. Le tue domande dimostrano che ti importa e sei disposto ad ascoltare il loro punto di vista. Il tuo interlocutore si sentirà meno solo e, di conseguenza, meno ansioso, meno impaurito e più connesso.

Alcune ricerche di Guy Itzchakov e Avi Kluger hanno mostrato che gli oratori che si sentono ascoltati provano maggiore consapevolezza di sé, minore ansia e maggiore chiarezza riguardo alle loro attitudini; quando interagiscono con ascoltatori distratti, riferiscono il contrario. Gli oratori sono anche in grado di pensare in modo più olistico e immaginare soluzioni più complete. Così, la ricerca ha dimostrato che un ascolto attento ed empatico incoraggia gli oratori a sentirsi rilassati, essere più consapevoli di sé e più capaci di riflessione.

La maggior parte dei problemi che hai sul posto di lavoro e nelle relazioni possono essere risolti semplicemente ascoltando meglio. Credimi, sono un'autorità in materia. Ero un esperto in pessimo ascolto, soprattutto nei miei anni più giovanili. Innumerevoli volte, sono stato guidato dalle mie emozioni e dalla mia attitudine al controllo, e non ho lasciato spazio per ascoltare e prestare attenzione agli altri. Ho combinato pasticci nel lavoro, nelle relazioni con amici e colleghi, nella famiglia e nel matrimonio. Dentro di me, ho ripensato a questi fallimenti molte volte, spesso con profondo rimpianto e, se possibile, mi sono scusato.

Quindi, se non vuoi solo migliorare le tue relazioni, ma anche diventare una persona carismatica e in grado di influenzare le decisioni, inizia a prestare attenzione al modo in cui ascolti.

Amo il carattere cinese per la parola "ascoltare". Il simbolo include diversi elementi necessari all'ascolto.

Il carattere cinese per Ascoltare

Orecchie →

Occhi ↙

← Uno o Singolo

Re →

← Cuore

聽
心

1. In alto ci sono le **Orecchie** e gli **Occhi**, per sentire e vedere l'altra persona.
2. Poi la **Mente**, per riflettere sulle parole e sulle idee condivise.
3. Successivamente **l'Attenzione indivisa** e la concentrazione per essere presenti nel momento.
4. Infine, il **Cuore**, per sentire e percepire ciò che sta accadendo ed essere empatici con chi parla.

Non c'è simbolo migliore, a mio avviso, per spiegare come questi cinque elementi debbano lavorare insieme.

Sei veramente intenzionato a diventare un ascoltatore attento e una persona carismatica in grado di trascinare le persone? Se sì, ecco i prossimi passi che ti porteranno lì.

Metti da parte i tuoi pregiudizi. Nelle mie sessioni di coaching e nelle mie lezioni, spesso parlo di pregiudizi dopo aver condiviso un modello che spiega come dare feedback difficili alle persone. Se cominci una discussione con nozioni preconcette sull'altro, indovina un po'? A prescindere da quello che dici, la tua energia non rifletterà le tue parole, e le persone con cui parli percepiranno quell'incongruenza. Quindi, mentre ascolti l'altro, ricorda di calmare la tua mente, lascia che i pregiudizi scompaiano sullo sfondo e renditi disponibile all'altrui punto di vista sul mondo.

Scegli di non interrompere, qualsiasi cosa accada. Lascia che le persone parlino e condividano. Rilassa i muscoli del viso, non corrugare la fronte, mostra di avere una mente aperta e di essere ricettivo. So che può essere difficile, ma dovrai esercitarti a morderti la lingua e cercare di capire ciò che l'altra persona sta dicendo prima di intrometterti con la tua "risposta".

Ricordi cosa ho detto delle persone che parlano con il lampione?

Sii curioso. Se ascolti bene, inevitabilmente emergeranno altri pensieri e domande. Man mano che entri in modalità curiosità, farai domande aperte a chi parla, sulla sua storia e quello che accade nella sua vita. Ascoltando, si solleveranno sempre più domande e non solo otterrai più informazioni, ma porterai anche gli oratori in un luogo di auto-riflessione e intuizione.

Ripeti e parafrasa ciò che hai sentito. È una forma di riconoscimento, comprensione e conferma della loro esperienza. Se non sei certo di qualcosa che hanno detto, puoi dire: «Sto cercando di capire cosa provi e penso sia XYZ. È corretto?» Lascia che la persona sia d'accordo con te o ti corregga.

Poi chiedi: «Quanto sei frustrato, arrabbiato, stanco (o altra emozione)?» O, più direttamente, «In che modo ti senti influenzato da questa situazione?» Inoltre, dagli tempo di rispondere. Preparati a una cascata di emozioni. Mentre gli permetti di condividere, possono saltar fuori tante cose. Ascolta, sospendi il giudizio e non rispondere, anche se non sei d'accordo, finché non hanno finito. Lascialo sfogare, e ti aiuterà ad imparare.

Riconosci la difficoltà. Fai un commento del tipo: «Deve essere difficile affrontare questo lavoro. Non mi meraviglia che tu ti senta frustrato, stanco, ecc.» Usa parole tue, sii genuino e sincero. Riconoscere la fatica di chi parla è fondamentale perché lo farà sentire ascoltato e compreso. Saprà di avere il tuo sostegno e gli sarà d'aiuto per liberarsi dal peso e dallo stress. Un consiglio: quando sei d'accordo, non dire «Capisco», ma piuttosto «È comprensibile». Fai un commento più neutro; dopotutto, non sei nella loro situazione e non è detto che tu capisca completamente.

Dai sostegno per i passi successivi. Se credi che la persona con cui stai parlando beneficerebbe del tuo supporto, chiedi come puoi aiutarla. È il modo per condurre qualcuno verso una soluzione aiutandolo a scoprire come iniziare il cambiamento. Capirai rapidamente se una persona vuole solo condividere una storia o ha effettivamente bisogno del tuo aiuto per risolvere un problema. In base a questo, formula le tue domande e aiutalo a trovare la soluzione giusta per lui o lei.

Sappi che le parole «So cosa intendi» non significano necessariamente «Sono d'accordo con te». Queste parole mostrano solo che sei disposto ad ascoltare lui, la sua prospettiva e le sue difficoltà. Mostrando comprensione, mantieni aperta la porta e riconoscerà che, anche se non sei d'accordo, ti interessa sostenere altre conversazioni in futuro.

Dai seguito alla conversazione con azioni concrete. Se concordi sui prossimi passi e sugli impegni, allora entrambi dovete attenervi a ciò che avete concordato e verificare regolarmente i progressi. Se non è stato ancora raggiunto un impegno comune, non preoccuparti; l'altra persona ti farà sapere quando sarà pronta a parlare di nuovo. Se sei stato un buon ascoltatore, ti garantisco che si farà vivo di nuovo. Non pensi che, se tutti ascoltassero in modo consapevole, il mondo cambierebbe?

Bene, quando parteciperai alla prossima riunione, a una conversazione uno-a-uno o semplicemente farai una chiacchierata con un amico, inizia prestando attenzione a come ascolti. Se ti succede di scivolare nelle vecchie abitudini, non fa nulla, ma continua a riflettere sul tuo livello di attenzione.

- Sei stato in grado di calmare la mente, rimanere concentrato e smettere di distrarti?
- Eri curioso?
- Hai imparato qualcosa da chi parlava lasciando spazio alla riflessione?

- Hai fatto domande? (Come minimo, dovresti fare cinque domande nel corso della conversazione.)
- Hai dato riscontro all'altra persona sul suo punto di vista?
- Com'era l'energia?
- In quale dei tre stadi hai cominciato ad ascoltare?
- Quanto tempo hai parlato e quanto ascoltato? (In una riunione di lavoro, se sei il leader, una buona pratica dovrebbe essere 80% ascoltare, 20% parlare.)
- Cosa potresti fare diversamente la prossima volta?

Capitolo 11

Essere liberi come Giuseppe

Giuseppe, il mio cuginetto undicenne, mi ha fatto capire quanto possano essere semplici e piacevoli le relazioni quando non c'è nessun filtro a offuscare le nostre percezioni.

Nell'estate del 2017, seduto fuori da una gelateria vicino al mio paese natale in Puglia, i parenti mi hanno chiesto del mio lavoro come coach. Giuseppe ascoltava la nostra conversazione. Con un'aria curiosa, ha chiesto: «Ma Roberto, cosa fa un coach?»

Ho tentato la risposta standard: «Aiutiamo le persone a raggiungere i loro obiettivi e a superare gli ostacoli ponendo domande provocatorie, così possono trovare le proprie soluzioni per raggiungere i loro obiettivi.» Dall'espressione sul suo viso, ho capito che la risposta non lo soddisfaceva.

Allora, gli ho proposto di mostrargli come funzionava facendo coaching con lui al volo.

Gli ho chiesto: «Che ne dici di raccontarmi cosa vorresti ottenere nel prossimo futuro?»

Ci ha pensato un attimo e ha detto: «Vorrei imparare a giocare a tennis.»

«Bene, e quindi cosa ti serve per raggiungere questo obiettivo?»

«Beh, per prima cosa ho bisogno di una racchetta da tennis e palline da tennis.»

«Molto bene. Come puoi procurarti queste cose?» gli ho domandato.

«Devo andare al negozio a comprarle.»

«E con cosa le comprerai?»

«Ho dei risparmi.» (Ero orgoglioso di lui, e quindi ho annuito con approvazione.)

«Perfetto! Di cos'altro hai bisogno?»

Ci ha pensato un minuto e poi ha detto: «Penso che dovrei forse prendere delle lezioni.»

«Giusto. E dove?»

«C'è un campo da tennis non lontano da qui. Posso chiedere a loro.»

«E come pagherai le lezioni?»

«Hmm, questo è più difficile» ha detto, poi ha guardato suo padre, cercando approvazione. «Forse posso chiedere aiuto a mio padre o prendere più soldi dai risparmi?»

«Bene. E, dimmi, dove si trova il campo da tennis?»

«È a pochi chilometri da qui. Potrei chiedere a mia madre di portarmici.» Sua madre ha sorriso e sembrava d'accordo.

«Grande, quindi quando potrai cominciare?»

«Penso che le lezioni inizieranno a settembre. Posso prepararmi durante l'estate.»

«Eccellente! Questo è tutto. Ti ho appena fatto coaching per raggiungere il tuo obiettivo. Aggiungiamo un pizzico di responsabilità e sarai sulla buona strada.»

Mi guardò, stupito, e disse: «Hmm, OK. Credo di avere capito come funziona.»

Poi si rivolse ai suoi genitori e disse: «Quindi, prenderò lezioni di tennis, giusto?»

Continuammo a gustarci il gelato e a goderci la brezza serale.

Il giorno dopo, mi svegliai pensando a quanto fosse stata fluida e semplice quell'interazione di coaching. Ero stupito dalla facilità con cui il mio cuginetto aveva fatto un passo dopo l'altro con autonomia e libero da pregiudizi personali, dubbi su se stesso o limitazioni. Certo, Giuseppe è stato molto fortunato a crescere in una famiglia amorevole, e non tutti i ragazzi hanno questa possibilità. Mi ha fatto pensare a come, con l'età, siamo esposti a così tante esperienze sociali che influenzano le nostre percezioni e credenze, e quindi il nostro atteggiamento e il modo in cui ci esprimiamo.

Le domande che ho posto a Giuseppe, se fossero state rivolte a un adulto, avrebbero potuto rivelare una serie di preoccupazioni, come *Cosa succede se non gioco bene? Cosa penseranno le persone di me? Chi sono io per pensare di poter giocare a tennis?* e *Sono troppo vecchio, lento, grasso, magro, pigro, insicuro e rigido per giocare.* Ogni volta che iniziamo un cambiamento, ci confrontiamo con una serie di dubbi e paure; io li chiamo i miei gremlin. I gremlin tendono gravare sulle nostre spalle, abbastanza pesanti da ritardare o addirittura ostacolare i nostri progressi.

Negli ultimi anni, ho notato che la maggior parte dei clienti reagisce in uno di questi tre modi quando è sotto stress, ovvero quando appare un gremlin: **Ritirata**, **Lotta** o **Adattamento**.

Ritirata: Il pensiero di essere una vittima domina questa modalità di reazione primaria. Sentiamo di non avere controllo sui risultati nella nostra vita e siamo influenzati dagli eventi, le credenze e le percezioni che ci impediscono il successo. Abbiamo una insufficiente spinta ad agire e ci arrendiamo facilmente. Operare in questa modalità ci trattiene dal vedere opportunità o credere che possano essere realizzate. La mentalità della vittima è estenuante e spesso comporta un pesante tributo mentale, emotivo e fisico su di noi e sulle persone intorno a noi.

Lotta: Questa reazione implica rabbia, risentimento e sfida. In questa modalità, lottiamo per il controllo. Ci concentriamo su tutto ciò che è sbagliato e ci sentiamo sottovalutati. Operiamo con forza o coercizione; possiamo essere prepotenti o condiscendenti e vogliamo micro-gestire piuttosto che guidare. L'atteggiamento di lotta (o controllo) può essere efficace a breve termine, ma col tempo diventerà estenuante e irritante. Altrettanto importante, tende ad alienarci gli altri e a renderli insoddisfatti e improduttivi.

Adattamento: Le parole chiave qui sono *razionalizzazione* e *tolleranza*. Le persone che si adattano si motivano trovando modi per perdonare, fare compromessi e allontanare il risentimento o lo stress, per incoraggiare la cooperazione e la produttività. Qualcuno in modalità di adattamento può rispondere con frasi come «Sto bene» o «Va tutto bene» per mantenere l'armonia e lo status quo. Qui, essendo passive e disinteressate, le persone non fanno onore ai loro valori e bisogni. Di conseguenza, molto probabilmente vivono una vita o una carriera mediocri e insoddisfacenti e non sono molto piacevoli da frequentare.

Non c'è nulla di sbagliato nell'avere una delle reazioni descritte sopra, specialmente quando si è sotto stress. Anch'io ho spesso reagito in questi modi. Ma, come puoi immaginare, tali risposte prima o poi danneggeranno la tua vita e la tua carriera, se non riesci a riconoscerle e a lavorarci. Superare un divorzio o una perdita nella tua vita può richiedere tempo; questo è normale. Rimuginare su una scadenza mancata, un errore di programmazione o un potenziale cliente che non ti richiama, tuttavia, è improduttivo e ostacola le tue prestazioni.

Vorrei che potessimo tutti tornare indietro nel tempo ed essere più come Giuseppe, spensierati e liberi dai dubbi su noi stessi, semplicemente scegliendo un obiettivo e puntando verso di esso. Ma non è così; quindi, ora che fare? La vita ci metterà di fronte a ogni sorta di ostacoli che influenzano le nostre percezioni, come vediamo noi stessi e il nostro approccio ai nostri obiettivi. Se non vengono tenuti sotto controllo, questi ostacoli si accumuleranno e alla fine si trasformeranno in quello che io chiamo "il fango". Tuttavia, non dobbiamo rimanere bloccati in questa melma. Ci sono modi per iniziare a diluirlo ed eliminarlo del tutto, vale a dire:

Fai una verifica con te stesso. Prenditi del tempo durante la giornata per valutare il tuo stato emotivo. Chiediti: In quale modalità sto operando ora? Mi dispiaccio per me stesso (Ritirata)? Provo rabbia, risentimento o bisogno di controllo (Lotta)? Sto tollerando qualcosa che è dannoso, non mi sto curando abbastanza o sono demotivato (Adattamento)?

Attiva il tuo rilevatore di disagio. Quando faccio una domanda ai clienti di coaching che tocca un loro punto sensibile, il loro disagio è evidente. C'è un cambiamento improvviso nel tono, un volume più alto della voce, che diventa quasi stridula: sono sotto stress.

So che sei in grado di notare queste fluttuazioni in te stesso. Pensa alle volte in cui la tua voce è cambiata perché eri imbarazzato o in difficoltà. La gola si stringeva, sei arrossito o non riuscivi a trovare le parole giuste. Ho vissuto innumerevoli momenti imbarazzanti come questo. I miei indizi personali sono cambiamenti della voce e "auto-combustione" emotiva. Quello che è fantastico di questi momenti scomodi è che quando li riconosci in te stesso, diventa anche più facile rilevarli negli altri.

Mettici un'etichetta. Una volta capito cosa e come ti senti, dillo a voce alta, proprio come faresti con qualcuno che ami e di cui ti fidi. Scherzaci sopra (ad esempio, «Eccomi qui un'altra volta, a sottovalutare i miei valori e a far finta che non sia importante.») Una volta che dai un'impronta più giocosa al tuo modo di reagire, alleggerisci l'umore e fai chiarezza con te stesso. Poi cerca di rilassarti o fai qualcosa per rompere lo schema. Puoi dire qualcos'altro ad alta voce, del tipo «No, non questa volta. Non sarò una vittima. Prenderò il telefono e farò tre telefonate a clienti in più, oggi.»

Chiedi un feedback. Un altro modo per riconoscere in che modalità sei è farti dare un'opinione dalle persone intorno a te. Puoi ottenere questo feedback tramite una valutazione a 360 gradi, oppure chiedere semplicemente ad amici o colleghi di condividere i loro pensieri su di te. Il loro parere ti aiuterà a comprenderti meglio. Chiedi onestà, fai loro sapere che ne apprezzi il contributo e usa queste informazioni per la tua crescita personale.

Puoi rimuovere "il fango". Ma qual è lo scopo dell'auto-riflessione e del feedback, se continui ad aggiungere altro fango? Come puoi evitare di tornare alle vecchie abitudini?

Vogliamo assomigliare di più a Giuseppe, accettare la nostra vulnerabilità sincera, disinibita e cruda. Come ti comporterai dopo quella prima reazione di Ritirata, Lotta o Adattamento? I prossimi tre punti ti daranno qualcosa in più su cui riflettere ed esercitarti.

1. La tua postura

Ognuno di noi, in qualsiasi momento, manda vari segnali su come vede il mondo, e sul fatto che sia pronto a lavorare, giocare, ridere, piangere, lottare o andare avanti. Se vuoi attrarre le persone, fa la differenza se mostri entusiasmo, sorridi e li guardi con disponibilità.

La tua voce e il tuo tono esprimono apertura? Quante volte hai chiamato qualcuno e solo dal modo in cui ha risposto al telefono, ti sei sentito già scoraggiato? Quante volte è successo il contrario? Il tuo tono fa una grande differenza, e lo senti istintivamente.

Prima di concentrare tutte le tue energie su ciò che vuoi dire o fare, spendi più tempo a capire come stai e su come intendi trasmettere il messaggio. Ho dovuto iniziare a prestare attenzione a come mi presentavo perché le mie espressioni facciali non mi permettevano di nascondere le emozioni. Molti di noi sono così. I miei amici, le persone a me vicine, e in particolare mia figlia, capivano subito quando qualcosa mi dava fastidio, sembravo giù o non ero dell'umore più felice. Porto le mie emozioni, come ha detto Shakespeare, "sulla manica".

Prima che me ne rendessi conto, spesso venivo colto ad avere una "faccia da stronzo", che nel mio caso era forse più una "faccia da insopportabile rancoroso". Questo atteggiamento appariva spesso quando ero immerso nei miei pensieri, preoccupato o stressato per il lavoro. Ero rigido e teso (e ho tuttora profonde rughe sulla fronte a ricordarmelo). Le persone erano condizionate dal mio aspetto e dal modo in cui mi comportavo ancor prima che pronunciassi la prima parola. Non mi rendevo conto che le espressioni e la postura generale raccontavano molto di me.

2. La tua voce

Spesso non prestiamo abbastanza attenzione al nostro strumento di comunicazione più potente: la voce. Chris Voss, un negoziatore dell'FBI, nel suo libro *Volere troppo e ottenerlo. Le nuove regole della negoziazione*, elenca tre toni disponibili per coloro che negoziano il rilascio di ostaggi: 1) la voce del DJ alla radio di notte, 2) la voce positiva/giocosa e 3) la voce diretta o assertiva.

Voss non consiglia di usare la voce assertiva, tranne che in circostanze molto rare. Esprime dominanza al tuo interlocutore, che tenderà a rispondere in modo aggressivo, o passivo-aggressivo. Invece, consiglia di usare la voce positiva/giocosa, in quanto dà l'idea di una persona allegra, di buon carattere, con un atteggiamento disinvolto e incoraggiante.

Rilassati e sorridi mentre parli. Anche se le persone non ti vedono, il tono gioviale ha un impatto che l'altra persona percepirà.

Ricordi quella volta che ho attraversato il confine dal Tibet al Nepal? Il mio tono di voce e i gesti erano gli unici strumenti di comunicazione che avevo e hanno funzionato a livello interculturale. Il modo in cui usi la voce ti aiuterà a creare rapporti più rapidamente e farà la differenza nella relazione.

3. Specchiarsi nell'altro

Un altro metodo che ti aiuterà a migliorare il rapporto forse ti è meno familiare. Specchiarsi nell'altro è la replica subconscia dei segnali non verbali di un'altra persona. Spesso lo facciamo in modo naturale nelle interazioni quotidiane e di solito passa inosservato da entrambe le parti (la persona che si specchia e quella che viene specchiata). Può trattarsi di un semplice sorriso. Le persone che sorridono tendono a ispirare gli altri a sorridere, e viceversa.

L'emulazione inizia spesso nell'infanzia. I bambini imitano gli individui intorno a loro e stabiliscono rapporti con movimenti specifici del corpo e gesti. Quel collegamento crea un senso di empatia e una miglior comprensione delle emozioni altrui. Allo stesso modo, può aiutare gli adulti a stabilire rapporti l'uno con l'altro, poiché le somiglianze con i nostri gesti non verbali permettono alle persone di sentirsi più connesse.

Ora, ciò che è interessante è come puoi specchiare le persone concentrandoti solo sulle parole. Puoi farlo inconsciamente con il tono della voce, l'accento, lo slang, un linguaggio formale o informale.

Pensa alle volte in cui ti sei sentito completamente fuori posto mentre conversavi con persone che parlavano un linguaggio di strada o una lingua completamente diversa. Al contrario, ci sono stati momenti in cui la familiarità e la connessione sono state create immediatamente proprio a causa di somiglianze nel linguaggio, vocabolario o idiomi.

Le parole con cui comunichi hanno grande importanza. Come Chris Voss ha scritto, «Di tutte le competenze di negoziazione degli ostaggi dell'FBI, lo specchiamento, come ripetere le ultime tre parole di ciò che qualcuno ha appena detto, è la cosa più vicina a un trucco mentale Jedi.

Semplice eppure molto efficace.»

Voss fa anche riferimento a uno studio dello psicologo Richard Wiseman, che ha simulato due scenari con i camerieri in un ristorante. Un gruppo di camerieri elogiava e incoraggiava i clienti e le loro decisioni sulle pietanze (ad esempio, «Ottima scelta!» e «È il mio preferito!»). Il secondo gruppo specchiava semplicemente i clienti ripetendo i loro ordini. Le mance ricevute dal secondo gruppo erano il 70% più alte di quelli che usavano l'adulazione e il rinforzo positivo.

E allora, come stai andando, finora? Ci sono parecchi elementi che entrano in gioco nella comunicazione, giusto? Potresti pensare: «Ragazzi, questa roba è complicata. Forse dovrei smettere di comunicare del tutto e vivere da solo in una grotta.» Ma no, dai, non è così drammatico o difficile, e vedrai che, una volta che ne sarai consapevole, sarai in grado di incorporare la maggior parte di questi strumenti in modo del tutto inconscio.

Se dovessi guardare mille righe di codice, dimostrazioni matematiche o progetti complessi di edifici, mi sentirei sopraffatto. Eppure, se scomponiamo le cose, riusciamo a vedere come i vari "ingredienti" si collegano l'uno all'altro. È lo stesso con la comunicazione. Proprio come le righe di codice, una dopo l'altra, creano un'applicazione, così costruiamo la nostra intelligenza emotiva con piccoli, incrementali cambiamenti nel nostro stile di comunicazione.

Come vedi, molte sfaccettature della comunicazione vanno adattate all'ambiente specifico, alla persona con cui comunichi e alle tue specifiche attitudini, percezioni ed emozioni. Quindi, come prepararsi al meglio? Devi prenderti il tempo necessario per decidere come vuoi essere in un certo momento. Se lo fai e ti regoli di conseguenza, sarai in grado di guidare le conversazioni verso esiti più positivi e promuovere un'immagine professionale migliore.

A proposito, dopo qualche mese ho parlato con la madre di Giuseppe e ho saputo che stava prendendo lezioni di tennis. Certo, essendo giovane, ha tutto il tempo del mondo per farlo. Ma anche se potremmo avere meno flessibilità nei nostri programmi, è comunque possibile raggiungere i nostri obiettivi con una simile facilità e semplicità.

Sono anche grato per aver avuto quell'esperienza con Giuseppe perché mi ha ricordato quanto la vita sia più divertente senza tutte le insicurezze che ci ostacolano negli sforzi. Mi ha incoraggiato a diventare più consapevole di me stesso e a prestare attenzione alle mie emozioni, ai dubbi che avevo su di me e ai preconcetti limitanti dei gremlin. Senza, la vita è davvero molto più divertente.

Domande:

- Quanto sarebbe diversa la tua vita se potessi essere libero come Giuseppe?
- Cosa succederebbe se prestassi più attenzione alle situazioni che scatenano la tua reazione? Quali sono e come puoi rispondervi meglio?
- Qual è la tua modalità operativa predefinita: Ritirata, Lotta o Adattamento, e cosa ti ci porta? Come sarebbe la tua vita se potessi uscire da queste modalità negative?
- Cosa ti racconta il tuo "rilevatore di disagio"?
- E riguardo al tono della voce, atteggiamento ed espressioni facciali? Sai come proiettare il tuo vero sé agli altri?
- Anche tu, come me, hai un "faccia da insopportabile rancoroso"?

Capitolo 12

Non hanno problemi, possono farcela

Nel film *Il Padrino*, i quattro fratelli Corleone si incontrano subito dopo che il loro padre, Vito Corleone (interpretato da Marlon Brando), viene ucciso. Discutono su come vendicarsi di Virgil "Il Turco" Sollozzo, che ha ordinato l'attentato. C'è un momento in cui Michael Corleone (Al Pacino), il fratello più giovane e l'unico non coinvolto negli affari mafiosi della famiglia, si offre di essere colui che vendicherà il padre e sparerà a Virgil. I suoi fratelli vogliono che capisca che la vendetta non è una cosa personale, si tratta solo di affari. Gli dicono che non ha nulla a che fare con le emozioni, la famiglia o la necessità di giustizia. Piuttosto, si tratta di proteggere i loro affari e inviare un messaggio alla "comunità".

Nel corso della mia carriera, ho lavorato con molti manager che mi hanno ricordato un po' questi fratelli. Il loro atteggiamento non aveva, ovviamente, niente a che fare con quello dei Corleone, e finora non ho mai visto o fatto coaching a nessuno che andasse in giro per la sala riunioni con una mazza da baseball o lasciasse la testa di un cavallo nel letto di un rivale. Tuttavia, ho spesso lavorato con il tipo di leader che tende a fare pressione e controllare e considerare le proprie azioni come semplici "affari". Spesso, questi leader non erano consapevoli del loro atteggiamento e hanno dovuto essere indirizzati al coaching perché, per quanto brillanti fossero, il danno che hanno causato alle relazioni e ai colleghi ha iniziato ad influenzare il loro lavoro e i progetti.

Questi miei clienti erano regolarmente accusati di non fidarsi del team; non condividere abbastanza; intimidire, non delegare; non chiedere suggerimenti; usare un tono di comando/direttivo; non chiedere aiuto; e mascherare le proprie vulnerabilità. Molte di queste impressioni si creano quando qualcuno cerca di mantenere il controllo tenendo gli altri a distanza. Per i leader che operano in questa modalità, l'attenzione è sugli interessi personali piuttosto che sulla crescita del team.

Per esempio, prendiamo Daniel. È un brillante direttore di ingegneria che lavora per una azienda high-tech di successo nella Silicon Valley. I suoi contributi al team sono indiscussi. È molto stimato ed è considerato una voce forte e innovativa nella sua organizzazione. Per queste qualità, i suoi pari e sottoposti lo ammirano, ma, come ho appreso, si sentono anche intimiditi da lui. Quando l'ho saputo, sono diventato curioso. Volevo sapere di più sulle sue interazioni e sullo stile di comunicazione. Che cosa, nel suo atteggiamento, stava causando tali reazioni nei colleghi? Chiesi a Daniel in che modo si rivolgesse alle persone nel suo team. Mi rispose che era diretto e senza giri di parole. Era consapevole che, quando dava feedback al suo team, tendeva ad usare un linguaggio forte e poteva essere un po' brusco a volte. Tuttavia, mi assicurò, «La maggior parte delle persone che lavorano con me non hanno problemi con questo tipo di comunicazione. Possono farcela.»

«Possono farcela?» dissi. «Che cosa te lo fa pensare?»

Lui scrollò le spalle, distogliendo lo sguardo. «Non saprei» rispose. «Le persone nel mio team di solito confermano di aver chiaro quello che ho detto e poi tornano al lavoro. Non sembrano turbati da come o cosa condivido. So che a volte ci sono differenze culturali, ma il mio team conosce il mio stile e va bene così.»

«Interessante» dissi. «Qualcuno ti ha mai detto qualcosa a riguardo?»

«No, io e il mio team ci conosciamo da un po'. Siamo usciti per bere qualcosa, alcuni di loro sono venuti a cena a casa mia. Siamo abbastanza aperti l'uno con l'altro. Se non gli piacesse come parlo con loro, sono sicuro che me lo direbbero.»

«Sono contento che tu abbia un così buon rapporto con loro» dissi. «Ma riguardo a ciò che dai per scontato, mi domando se non siano disturbati dal tipo di linguaggio diretto che usi.»

Quella conversazione ebbe luogo all'inizio del nostro rapporto di coaching, in quella che chiamo la "fase di scoperta". Alcune settimane dopo, ho svolto una valutazione a 360 gradi per Daniel e ho intervistato i partecipanti.

Le risposte che ho ricevuto dai colleghi di Daniel erano in netto contrasto con le convinzioni di Daniel sul loro essere in grado di "farcela". Praticamente tutti nel suo team hanno chiesto che modificasse il modo in cui interagiva con loro. Le loro lamentele riguardavano il fatto che si intrometteva troppo nel consigliarli e risolveva problemi invece di costruire le loro competenze; non si fidava delle capacità del team di risolvere da soli i problemi; non era abbastanza aperto e sincero; non chiedeva aiuto o condivideva le proprie vulnerabilità; e faceva sentire i colleghi e i sottoposti intimiditi al punto da non chiedergli aiuto perché si sentivano giudicati.

La maggior parte di loro voleva che condividesse di più sui suoi piani e usasse un linguaggio più collaborativo e incoraggiante nelle interazioni. Volevano che lasciasse fare errori alle persone, se questo li aiutava a crescere, e poi facesse loro da mentore e coach; che delegasse di più e insistesse meno sui dettagli; che chiedesse al team l'opinione sui progetti e li coinvolgesse nelle decisioni; e comprendesse le personalità dei collaboratori, adeguandosi di conseguenza.

Tenete presente che Daniel era disponibile al feedback; voleva crescere ed era pronto a essere messo alla prova. Ma è rapidamente arrivato a una conclusione che ho sentito molte volte da altri dirigenti. «Sai, Roberto» mi disse, «queste persone sono professionisti con lauree ed esperienza in questa attività. Dovrebbero avere tutte le conoscenze necessarie per fare il loro lavoro, è per questo che li paghiamo. Perché dobbiamo camminare in punta di piedi quando commettono un errore o non fanno un buon lavoro?»

Ogni volta che sento questo tipo di commento, è quasi sempre espresso con un pizzico di disprezzo. Il suo punto era ovvio: *non sono qui per fare da babysitter; sono qui per ottenere risultati. Abbiamo scadenze e i clienti si aspettano i nostri prodotti. Non ho tempo di spiegare cose che dovrebbero già sapere.*

Se pensi che questo genere di risposta sia rara, ripensaci. La sento di continuo. Magari pensi di non comportarti in quel modo; anche in questo caso, ripensaci un attimo. Lo facciamo tutti, me incluso. Ci sono cascato parecchie volte, causando risentimento e discordia. Col senno di poi, avrei voluto che qualcuno mi avesse infilato un calzino in bocca. Ho avuto troppo spesso un atteggiamento alla Corleone da bullo altezzoso.

E quindi, che cosa possiamo fare?

Una delle mie conversazioni di coaching online con Daniel si è dimostrata un momento di vera svolta. Nel bel mezzo della sessione, suo figlio di nove anni è entrato nell'ufficio. Il bambino ha agitato la manina verso la telecamera del computer di suo padre; io ho risposto al saluto e ho sorriso. Daniel ha spento il microfono e ha alzato l'indice, segnalandomi che avrebbe avuto bisogno di un minuto col figlio. Ho annuito e ho osservato l'interazione che è seguita.

Daniel si è girato e ha affrontato suo figlio guardandolo dritto negli occhi. Il bambino ha detto qualcosa a Daniel, che ha sorriso e gli ha messo una mano sulla sua spalla. Hanno scambiato qualche parola. Ho visto che il figlio gli ha chiesto qualcosa. Daniel ha risposto e poi ho visto il bambino guardare verso l'alto. Sembrava che stesse riflettendo su una domanda. Poi ha risposto. Daniel ha annuito e il figlio ha sorriso. Si sono abbracciati e poi il bambino ha lasciato la stanza.

Daniel si è girato verso di me e ha riattivato il microfono. «Aveva delle domande sui compiti» disse.

«E sembra che abbia ottenuto una risposta soddisfacente» risposi, sorridendo. Poi abbiamo continuato con la nostra sessione di coaching.

Questo tipo di interruzione succede spesso quando la sessione è nel tardo pomeriggio e se ne sono verificate frequentemente durante la pandemia. La scena è sempre la stessa: i bambini entrano, il mio cliente è sorpreso e si gira verso di loro, solleva l'indice per chiedere una piccola pausa e silenzia il microfono. Ora, l'ingresso del figlio di Daniel nella stanza in quel particolare giorno, tuttavia, è stata la cosa migliore che potesse accadere. Ecco perché: dopo che suo figlio è uscito, ho detto: «Daniel, non potevo sentirti, ma sembrava che avessi uno scambio molto positivo con tuo figlio lì. Lo guardavi dritto negli occhi. Hai detto qualcosa e poi lui si è sentito soddisfatto ed è uscito. Se posso chiedere, potresti dirmi che tipo di linguaggio usi con i tuoi figli, in generale?»

Non era sicuro di dove stessi andando a parare. Mi chiese «Intendi dire, come parlo ai miei figli?»

«Sì. Se dovessi spiegarlo in termini lavorativi, come descriveresti la tua "leadership genitoriale"?»

Ci ha pensato un attimo, poi ha detto qualcosa come, «Hmm, domanda interessante. Direi che voglio che i miei figli si sentano curati e supportati, ma anche forti e autosufficienti. Intendo dire, non voglio doverli sostenere per il resto della vita.»

«Ah, certo» ho detto. «Sono un genitore anch'io e vogliamo che i nostri figli arrivino a un punto in cui possono uscire nel mondo ed essere in grado di affrontare tutti i tipi di sfide e sopravvivere, forti, sani e realizzati.»

Poi ho aggiunto: «Lo vogliamo affinché i nostri figli possano essere indipendenti e, non nascondiamolo, vogliamo arrivare a un punto in cui poterci rilassare, goderci i nostri drink dopo il lavoro e non doverci preoccupare dei nostri figli adulti che sono là fuori da soli, giusto?»

«Sì, assolutamente!» rispose lui.

«E la cosa interessante è che ci comportiamo così coi nostri figli, ma non lo facciamo sul lavoro»

Daniel, come la maggior parte delle persone, rispose «Beh, non è la stessa cosa, il mio team è pagato per il lavoro che fa.»

Quell'obiezione andava al cuore del problema.

Sì, i membri del team sono pagati per il loro lavoro, ma non sono solo dipendenti. Non dimentichiamo che le persone sono persone, indipendentemente dalla loro età, titolo, laurea o ruolo che ricoprono sul posto di lavoro.

Ho condiviso questo concetto con lui e poi ho detto, «Daniel, dietro tutti quei titoli e ruoli, c'è un essere umano che vuole essere trattato come stavi trattando tuo figlio prima. Tuo figlio voleva essere visto, come vogliono i tuoi collaboratori.»

È una cosa importante.

Lascia che lo ripeta: le persone sono persone.

Smettila di guardare agli strati esterni e all'uniforme da lavoro; considera invece cosa c'è sotto. Guarda le persone del tuo team come esseri umani che vogliono sapere che contano, che le loro idee contano, che ti prendi cura di loro e che li sosterrai nel diventare più autonomi e sicuri di sé.

Se puoi vedere e trattare i tuoi colleghi in questo modo, non solo li renderai più forti e autonomi, ma tu stesso potrai concentrarti meglio su altri obiettivi più critici.

Quindi, come si fa? In base alle risposte del feedback a 360 gradi di Daniel, e data la percezione che aveva dei colleghi e il suo bisogno di controllo, c'erano due punti principali da affrontare:

1. Come il bisogno malsano di controllo può influenzare profondamente noi e le persone con cui lavoriamo e interagiamo
2. Come prestare attenzione alle nostre percezioni delle altre persone, in particolare a come pensiamo che il nostro team o i colleghi ci percepiscano

Diamo un'occhiata più da vicino a ciò che scatena il nostro bisogno di controllo e modella le nostre percezioni, in modo da capire meglio come lavorarci su.

Il controllo è una trappola che deriva da un luogo di paura e mancanza

Il controllo deriva dall'ego e la sua funzione principale è legarti al te stesso attuale. È una funzione di autoconservazione e di mantenimento dello status quo e quindi non ti permetterà di ampliare la tua crescita.

La maggior parte delle persone non si rende nemmeno conto di quanto siano schiave del controllo. Sembrano felici perché ottengono buoni risultati aziendali, fanno risparmiare denaro alla società o mantengono soddisfatti gli stakeholder. Quindi, quando ai leader viene rimproverato di essere maniaci del controllo, pensano: «Ehi, sto solo facendo il mio lavoro e portando a termine il lavoro. Qualcuno deve fare pressione, altrimenti perderemmo le scadenze e rimarremmo indietro.»

Per un breve periodo, è un approccio che può funzionare, ma nessuno ama essere controllato o comandato nel lungo termine. Quando qualcuno è controllato per troppo tempo, finirà per voler uscire da quell'ambiente costrittivo e andare invece a lavorare dove il suo contributo è valorizzato e ci si può sentire più indipendenti.

Quando controlli gli altri, non li influenzi né ispiri; invece, li limiti e ne soffochi la creatività, innovazione e crescita. Inoltre, rimanere in una posizione di controllo consuma una quantità enorme di energia, che serve a proteggere il nostro ego fragile e a tenere in piedi la facciata.

La ricerca psicologica ha sottolineato quanto tempo ed energia vengano sprecati nell'autodifesa; che è infatti considerata una delle principali cause di spreco delle risorse di un'organizzazione. Bob Kegan e Lisa Lahey spiegano che la propensione al controllo deriva dalla tendenza naturale che le persone hanno di «preservare la reputazione, mettere in mostra la parte migliore di sé e nascondere le inadeguatezze agli altri e a se stessi.»

Jennifer Garvey Berger, in *Sbloccare le tagliole della leadership*, scrive, «Quando cerchiamo di difendere il nostro ego invece di crescere e cambiare, finiamo per essere perfettamente adatti a un mondo che è già passato, invece di prepararci ad affrontare il mondo che sta per arrivare.»

Leggere il rapporto della valutazione a 360 gradi e vedere cosa avevano scritto gli altri su di lui è stato difficile per Daniel. Ho sentito il suo dolore. Quell'esperienza sgretolava le sue convinzioni sul «possono farcela», il che significava che avrebbe dovuto ripensare a come vedeva gli altri.

C'era del lavoro da fare, e ciò che doveva succedere era una sfida diretta alla sua mentalità Corleone («non è personale, sono solo affari»). Avrebbe dovuto adattare il linguaggio e spostare l'energia dirigendola verso il sostegno e la cura per il suo team. Avrebbe dovuto esplorare quali responsabilità si sentiva a suo agio nel condividere con gli altri, prendendosi dei rischi, allo scopo di portarli a ottenere dei risultati collaborando insieme.

Avrebbe dovuto affrontare i suoi colleghi, non con un atteggiamento di «ce la possono fare», ma con un approccio «come posso aiutarti?». Non sarebbe stato facile per Daniel. Ma sapevo che già solo chiedendosi come avrebbe potuto aiutare, il modo in cui ragionava sarebbe cambiato e avrebbe ampliato la sua prospettiva. Ero convinto che si sarebbe modificato anche il modo in cui percepiva gli altri e come gli altri lo percepivano.

Le percezioni contano

Daniel e io abbiamo discusso di cosa ci rende umani e di come le nostre differenze culturali ci modellano. Lui è dell'Europa orientale e io sono un italiano cresciuto in Svizzera; entrambi abbiamo lavorato a lungo con aziende negli Stati Uniti.

Siamo stati d'accordo sul fatto che il modo in cui interagiamo è determinato dallo "stratificarsi" della nostra cultura e dell'educazione personale, e che la combinazione di questi fattori è ciò che ci rende quello che siamo, modellando le modalità con cui rispondiamo alle persone.

I nostri "strati" sono stabiliti dalle nostre credenze, pensieri, emozioni, educazione ed esperienze, tra gli altri. Alcuni di questi strati ci influenzano negativamente, mentre altri hanno un effetto positivo, elevano il modo in cui rispondiamo e ci danno accesso a interazioni e risultati più positivi.

Il nostro livello di consapevolezza determina come

rispondiamo a ogni situazione. In breve, è come se tutti gli strati che abbiamo accumulato nel tempo stiano ora influenzando il modo in cui vediamo il mondo. Vedila in questo modo: se indossi occhiali viola, tutto ti apparirà viola. Indossa un altro colore e tutto sembrerà di quel colore. Il tuo background e le percezioni attuali determinano la tua realtà. Quindi, nel caso di Daniel, gli occhiali che indossava determinavano come percepiva gli altri e come pensava che avrebbero accolto i suoi commenti. I suoi occhiali gli dicono che le persone «possono farcela» perché:

1. Lui sa di farcela, quindi perché non anche il suo team?
2. I suoi colleghi non hanno problemi perché non si lamentano.
3. Nessuno si è dimesso; lavorano ancora lì ed escono con lui a bere qualcosa.

Quindi, evidentemente lo apprezzano.

Sì, tutti e tre i punti sono plausibili, ma solo dalla prospettiva di Daniel, attraverso i suoi occhiali colorati. Quello che gli altri sperimentano potrebbe essere completamente diverso. E come Daniel ha capito dal feedback su di lui, le persone con cui lavora considerano di fatto il suo stile di lavoro in modo del tutto differente.

Il colore degli occhiali del suo team era diverso. Le loro percezioni erano influenzate da strati di incidenti dolorosi e denigratori, quelle che potremmo chiamare micro-aggressioni. L'accumulo lento di piccole coltellate affilate, nel tempo, aveva iniziato ad influenzare il modo in cui le persone nel team si vedevano, come interagivano con i colleghi e come si impegnavano nel loro lavoro. Probabilmente l'hai sentito dire molte volte che «le persone non lasciano il loro lavoro, lasciano i loro manager.»

Rendilo Personale

Nessuno ama lavorare con qualcuno che ha un atteggiamento nello stile *Padrino* per cui «non si mettono le cose sul personale». Al contrario, per costruire la collaborazione e ispirare la tua forza lavoro, *devi* metterla sul personale.

Il tuo team vuole guardare a te e sapere che sarai lì per sostenerli. Eseguiranno i compiti in linea coi tuoi obiettivi e daranno il meglio di sé finché li coinvolgerai nei piani e li aiuterai a comprendere quanto apprezzi i loro sforzi, la creatività e la dedizione. In breve, devi mettere da parte il tuo ego ed essere lì quando necessario. Nessuno vuole rubarti i trucchi del mestiere; piuttosto, vogliono vedere come li hai usati, così da imparare da te e forse aiutarti lungo la strada.

Dopo diversi mesi di lavoro insieme, Daniel ha iniziato a vedere un cambiamento intorno a sé mentre iniziava a essere meno protagonista nelle riunioni di team e interveniva solo quando necessario. Ha iniziato a delegare responsabilità a colleghi e collaboratori che avevano già dimostrato le loro capacità. Ha anche iniziato a condividere i suoi piani generali e a chiarire le sue aspettative affinché ognuno potesse comprendere il ruolo che giocava nell'intero progetto.

Anche il supervisore di Daniel lo ha lodato per la sua ritrovata compostezza nell'affrontare il team e delegare parte delle proprie attività. Lentamente, Daniel si è permesso di diventare più trasparente nel condividere i propri dubbi, e nell'esprimere le sue preoccupazioni sui progetti ha chiesto suggerimenti al team. Questa trasparenza e vulnerabilità hanno anche aiutato a rafforzare le relazioni.

In passato, le persone tendevano a lasciare a lui ogni responsabilità. Ora sapevano che lui avrebbe rigirato le domande e i dubbi su di loro e che gli avrebbe chiesto di trovare la soluzione. Di conseguenza, hanno cominciato a evitare di domandare prima a lui. E più lo facevano, più diventavano autonomi, sicuri di sé ed efficienti.

Domande:
- Qual è la tua modalità generale di comportamento? Tieni per te le informazioni?
- Sei consapevole dei pregiudizi nel modo in cui ti rivolgi alle persone?
- Hai un atteggiamento di «ce la possono fare» quando parli con i colleghi?
- Hai mai affrontato dei temi seguendo l'approccio «si tratta di affari, non mettiamola sul personale»?

Capitolo 13

Smetti di dire loro cosa fare e fai coaching, invece

Nella nostra terza sessione di coaching, ho chiesto a Brian, un senior project manager di una grande azienda high-tech, «Chi ti viene in mente, se pensi a un manager o un leader con cui hai lavorato che ammiri e rispetti?»

Non ha esitato. «Oh, per me, è decisamente il mio capo, Scott.»

«Puoi parlarmi di lui?»

«Sai» ha detto, «la cosa interessante di Scott è che, quando mi incontro con lui, devo sempre preparare delle risposte perché mi fa molte domande.»

«Ah, interessante. E cosa ne pensi?» ho chiesto.

«Non so bene come spiegarlo» ha detto, «ma mi fa sentire come se volesse conoscere i miei pensieri e le mie idee.

E questo mi fa stare bene perché dimostra di voler sapere come lavoro e non mi dice semplicemente cosa fare. Mi fa capire che si fida del mio lavoro.» Ha anche aggiunto «Quando ho finito di parlare con lui, mi sento in qualche modo bene con me stesso.»

«Beh, è meraviglioso» ho detto. «Sai cosa sta facendo Scott? Il tuo capo sta utilizzando una mentalità da coach.»

Avere una mentalità da coach è molto importante per la vita in generale, ma in particolare per il lavoro. Le ricerche hanno dimostrato che la capacità di fare coaching in modo efficace è fondamentale per abilitare l'innovazione, la creatività, la resilienza, la fiducia e la crescita accelerata del team. Non c'è da stupirsi se è direttamente collegato al miglioramento delle prestazioni aziendali e dei ricavi.

Come leader, la tua principale responsabilità non è solo lo sviluppo del business ma, cosa più importante, lo sviluppo umano, che include sia la tua stessa evoluzione sia la crescita delle persone che guidi. Con una mentalità da coach, puoi uscire dal ruolo di unico fornitore di soluzioni.

Essere costantemente bombardato da problemi aziendali e manageriali può facilmente rendere insostenibile il carico di lavoro e farti diventare un collo di bottiglia. Facendo domande e ascoltando bene, puoi dare al tuo team l'autonomia di proporre idee, incrementare le loro competenze e alleggerire il tuo carico di lavoro.

Il manager di Brian ha riconosciuto il potenziale in Brian ed è stato in grado di rivolgersi a lui in modo da sfruttare la sua conoscenza e dargli la fiducia per affrontare nuove sfide. Ha creduto che Brian fosse pienamente capace di trovare soluzioni e ha rinforzato quella convinzione in lui. In pratica, è questo che fanno i leader competenti, e il risultato è un individuo autonomo, che non solo si sente sicuro nel lavoro che fa, ma è anche indipendente ed entusiasta di lavorare con il suo capo.

Quindi, cosa ha fatto esattamente il capo di Brian? Come si manifesta l'uso di una mentalità da coach? E perché non usiamo più spesso la mentalità da coach? Iniziamo col capire cosa sia la mentalità da coach. Include le seguenti abilità essenziali, in nessun ordine particolare:

1. **Vedere il potenziale**
2. **Essere curiosi**
3. **Praticare l'ascolto attivo**
4. **Conoscere se stessi e mantenersi controllati e neutrali**
5. **Rispettare le scelte**
6. **Sapere come fare domande**
7. **Spostare le responsabilità**

Diamo un'occhiata più da vicino a queste sette abilità.

Vedere il potenziale

È essenziale cominciare una conversazione con la mentalità giusta, vale a dire, considerando il partner una persona competente. Ho parlato a lungo nei capitoli precedenti dell'adottare la mentalità corretta prima di dare il via a una conversazione. Bene, qui, è ancora più critico.

Se inizi un dialogo con l'intenzione di aiutare qualcuno, ma non credi davvero che quella persona abbia la capacità di fare una cosa, indovina un po'? Probabilmente userai solo parole sbagliate.

Avvertiranno il tuo atteggiamento a chilometri di distanza,

ancora prima che tu provi ad aiutarli. Partire dalla convinzione che «quello che vedi è quello che ottieni» non è mai utile. Invece, se credi che in qualcuno ci sia di più di quanto appare, cercherai naturalmente di portarlo alla luce.

Essere curiosi
Non potrò mai esprimere pienamente quanto sia importante: la curiosità è alla base di tutto. Non basta considerare la curiosità alla luce di ciò che desideriamo sapere di più; dobbiamo anche capire cosa blocca la nostra curiosità e ci rende rigidi (qualcosa di cui mi sono reso colpevole fin troppo spesso in gioventù).

Quando siamo rigidi e presuntuosi, spesso trascuriamo il punto di vista altrui, e ciò a sua volta ci impedisce di vedere possibilità alternative. La rigidità ci rinchiude nelle vecchie abitudini, non ascoltiamo più e ci chiudiamo alle idee degli altri. Finiamo per rimanere così intrappolati nel nostro avere ragione, da scartare qualsiasi cosa che possa dimostrarci che abbiamo torto. Ecco dove muore la curiosità, proprio lì.

Tutti vogliamo avere ragione, questo è comprensibile, ma volere avere ragione soffoca desiderio di farci stupire. Nel suo libro *Sbloccare le tagliole della leadership*, Jennifer Garvey Berger scrive che quando le persone sono esposte a nuove idee e progetti, la loro risposta rientra in una di queste tre tipologie: Difensivo e sicuro, Annoiato e offeso, o Aperto e curioso. Raramente qualcuno abbraccia la terza opzione – aperto e curioso – e questo è dovuto alla convinzione di avere ragione.

Tuttavia, quando ci chiediamo: «Hmm, in cosa potrei sbagliare, o cosa potrei non vedere?» ci permettiamo di essere più flessibili e curiosi, e questo a sua volta aiuterà gli altri a superare la propria rigidità.

Praticare l'ascolto attivo

La mia amica Laura mi ha appena raccontato di aver visitato la sua amica Monica, che si sentiva giù ed era, avendo recentemente vissuto eventi difficili, al limite della depressione. Dopo solo poche ore insieme, Monica ha detto a Laura che si sentiva molto meglio. «Quindi» ho chiesto a Laura, «cosa hai fatto per farla sentire meglio?»

«Non molto» ha risposto Laura. «Le ho solo chiesto come stava e poi l'ho ascoltata. Non ho detto veramente nulla, a parte annuire e riconoscere il suo dolore. Monica ha parlato, pianto, parlato ancora e pianto di nuovo, e dopo qualche ora ha detto: "Sai, mi sento meglio. Sono più leggera, adesso. Vorrei potesse essere sempre così."»

Poi Laura mi ha detto: «Sai, voleva solo essere ascoltata e riconosciuta per il dolore che stava vivendo. Non penso che avesse bisogno di consigli in quel momento.»

E questo è esattamente l'ascolto. Fai un passo indietro, lascia che fluisca e non pensare alle risposte. Lascia che l'altra persona butti fuori il suo dolore, le preoccupazioni, i sogni e le visioni. Lascia che condivida e si liberi da tutto. Se ha bisogno di altro, te lo chiederà. Se senti che è bloccata, puoi stimolarla con una domanda. Ascoltare significa proprio questo: fare uno sforzo per essere attivamente concentrato sull'altra persona.

Conoscere se stessi e mantenersi controllati e neutrali

Essere nella mentalità da coach significa rimanere centrati, controllare il proprio ego e non abbandonarsi a modalità giudicanti e saccenti. In una conversazione da coach, vorrai rimanere neutrale e consapevole di te stesso. Dopo tutto, non si tratta di te, ma di ciò che l'altra persona sta vivendo. Per rimanere completamente aperti, devi liberarti dai pregiudizi e dalle opinioni.

Datti l'obiettivo di considerare l'altra persona pienamente capace di trovare una soluzione, anche se quella soluzione non è ciò che avresti scelto. Se necessario, aiutala ad andare avanti dal punto in cui è, e se hai qualcosa di utile da offrire, limitati a piantare un seme, chiedendo: «Cosa ne pensi di questo "seme"?» e «Come ti suona questo "seme"?» In questo modo, le permetti di fare propria l'idea.

Rispettare le scelte

Quando le persone sentono che le loro idee contano, sono più creative e innovative nel loro lavoro. Libere di essere se stesse, attingeranno alla loro ingegnosità interiore per affrontare qualsiasi ostacolo affrontino. Quando assistiamo a un tale fenomeno, è essenziale che rispettiamo le loro scelte, in modo che possano portare a termine le proprie idee.

Per favorire questa libertà e creatività, dobbiamo liberarci dalla mania di controllo e lasciarci sorprendere. Certo, è più facile a dirsi che a farsi, ma immagina come sarebbe un mondo in cui non ci fosse spazio per la sperimentazione, la crescita e la creatività.

Sapere come fare domande

Il potere del coaching si basa sulla capacità del coach di fare domande pertinenti e importanti. Dopo aver ascoltato con curiosità e concentrazione la persona che vuoi allenare, avrai bisogno di sapere quando e come fare domande che favoriscano la riflessione, la chiarezza interiore e l'autonomia. Come coach, non sei un consigliere, ma un facilitatore della crescita.

Avere una mentalità da coach vuol dire saper guidare verso la saggezza e la leadership, nel senso più vero e nobile. Duemilacinquecento anni fa, il *Tao Te Ching* descrisse i tratti distintivi di un grande maestro. Il versetto 17 recita:

Quando il Maestro governa, il popolo
a malapena si accorge che esiste.
Dopo di lui, il migliore è un leader che è amato.
Poi, uno che è temuto.
Il peggiore è quello che è disprezzato.
Se non ti fidi delle persone,
le rendi inaffidabili.
Il Maestro non parla, agisce.
Quando il suo lavoro è finito,
la gente dice, «Incredibile:
l'abbiamo fatto, tutto da soli!»

Spostare le responsabilità

Chiunque abbia mai contribuito a sviluppare un'altra persona con l'intento di renderla alla fine libera e indipendente, ogni insegnante, genitore o vero leader, comprende l'importanza di "spostare le responsabilità".

Ho una figlia nei suoi primi vent'anni che è all'ultimo anno di università e sta diventando completamente indipendente. Presto andrà nel mondo, cercherà un lavoro, prenderà un appartamento e compilerà la dichiarazione dei redditi da sola (alcune di queste cose le sta già facendo).

Mentre lei diventa sempre più autonoma, io sono qui seduto in giardino, a battere sulla tastiera e a concentrarmi su questo libro. Di notte, riesco a dormire bene, non mi preoccupo per lei. Se abbiamo educato bene, abbiamo cresciuto i nostri figli per diventare completamente autonomi. Li abbiamo stimolati, istruiti e abbiamo favorito la loro indipendenza in modo che un giorno, quando non saremo più qui, possano prosperare da soli, capaci e sicuri di sé. Questo è ciò che intendo con "spostare la responsabilità". Nelle tue conversazioni, farai tutto ciò che è necessario per assicurarti che i tuoi clienti, colleghi o collaboratori siano pronti a camminare da soli, fiduciosi e autonomi. Certamente non vorrai che diventino un cocco di mamma, che a quarant'anni vive ancora con i genitori.

Prima di passare all'applicazione pratica di questi concetti, prendiamoci un momento per considerare l'ostacolo più comune in cui incappano coach e insegnanti: la tendenza a dare consigli.

Capisco quanto siamo ben intenzionati, quanto ci venga naturale e quanto spesso il destinatario apprezzi veramente la generosità; nello scenario migliore, le persone da entrambe le parti del consiglio ne trarranno beneficio. Inoltre, se dato "con garbo", il consiglio può fornire orientamento e persino ispirazione.

Il consiglio si dà in poco tempo, mette le cose in movimento, fa sentire bene te e grato il tuo team. Quindi, perché diavolo dovrebbe essere considerato un ostacolo?

Il motivo è semplice, di buon senso e provato dalle neuroscienze. Il consiglio scoraggia il destinatario dall'esercitare l'autodeterminazione. Priva le persone della loro innata capacità di essere creative e trovare la propria soluzione. Ed erode il senso di responsabilità.

La ricerca sul cervello ha dimostrato che la nostra mente tende ad andare in modalità passiva quando riceviamo consigli. Sono sicuro che hai visto persone distrarsi durante una presentazione, anche se continuavano ad ascoltare. Un processo simile avviene quando riceviamo consigli. Invece di impegnarsi attivamente nella ricerca di soluzioni, il nostro cervello semplicemente ronza dolcemente; siamo, in sostanza, disattenti.

Michael Bungay Stanier, autore de *La trappola del consiglio*, descrive i "tre mostri dei consigli": Diglielo, Salva il mondo e Controllalo.

Il personaggio *Diglielo* ama essere considerato intelligente; il suo ego riceve una spinta quando fornisce soluzioni. Il personaggio *Salva il mondo* ama l'idea di salvare gli altri, poiché pensa che ciò faccia di lui un eroe. Il personaggio *Controllalo* ha bisogno di dominare e si frustra quando le cose non vanno a modo suo.

Per capire perché cadiamo così facilmente in una di queste categorie, dobbiamo capire perché questa tendenza è così radicata in noi.

Sono cresciuto negli anni '70 e i miei genitori erano il tipo che diceva a me, a mia sorella e a mio fratello che cosa fare; o lo facevamo o le "prendevamo". Non c'era un rinforzo positivo. Sapevamo di aver fatto un buon lavoro quando non venivamo sgridati o presi a scappellotti sulla nuca. Non era un maltrattamento, era solo un modo di riallineare la situazione, per così dire, che includeva qualche urlata e occhiatacce.

A breve termine era efficace, perché facevamo il nostro dovere ed era facile per i miei genitori tenerci in riga. Se facevamo pasticci, ci rimettevano all'opera e ci facevano fare e rifare fino a quando non facevamo giusto. E questa strategia non era applicata solo ai piccoli compiti domestici; anche i lavori edili, l'imbiancatura, la manutenzione dell'auto e i mestieri di casa facevano parte delle nostre mansioni. I miei genitori dicevano, «Il lavoro si fa con amore». Beh, l'amore nella nostra famiglia non è mai mancato; tuttavia, non posso dire che amassimo quello stile pedagogico, né tutto il lavoro che ci davano da fare. Mi ha impresso una rigidità e una serie di modelli comportamentali che ho faticato molto a disimparare, più tardi nella vita.

Non molto tempo fa, un cliente di coaching mi ha chiesto consiglio su come dire alle persone cosa fare senza essere troppo diretto. Gli ho chiesto perché volesse saperlo, e la sua risposta è stata molto chiara: «Beh, odio quando le persone dicono *a me* cosa fare».

«E perché?» ho domandato.

«Perché so come fare il mio lavoro, e se non lo so, lo scoprirò. E se ho bisogno di supporto, lo chiederò. Ma voglio decidere io quando chiedere aiuto.»

La sua era una risposta tipica. Quando le persone sentono che le loro scelte sono limitate dagli altri che dicono loro cosa fare, oppongono resistenza, indipendentemente dal fatto che il feedback sia utile. Tendono a ribellarsi o addirittura a fare il contrario. Gli psicologi chiamano questo fenomeno "reattanza psicologica". È la risposta del cervello a una minaccia alla nostra libertà (quando ci viene detto cosa e come fare qualcosa). Le persone difendono la loro indipendenza agendo in "ripristino diretto" della loro autonomia. Per esempio, quando viene chiesto di allacciare la cintura di sicurezza prima di uscire dal vialetto, alcuni potrebbero non farlo subito perché vogliono mantenere la loro autonomia decisionale (sì, io sono così!).

In sintesi, la tendenza a dare consigli è uno stile manageriale costoso:

- Finirai col passare troppo tempo a risolvere i problemi degli altri.
- Gli impedirai di usare il loro pieno potenziale, influenzando i risultati dei team.
- Saranno dipendenti da te e mancheranno di autostima.
- Sarai sopraffatto ed esausto, e questo influenzerà il modo in cui reagisci alle persone.

E ci sono conseguenze anche per le persone cui dai consigli:

- La loro crescita sarà rallentata.
- Diventeranno dipendenti da te.
- Metteranno in dubbio ogni loro mossa, chiedendosi cosa penserebbe il loro dispensatore di consigli. (Se sei tu: Complimenti, sei diventato un collo di bottiglia!)
- Saranno meno coinvolti e perderanno rapidamente interesse nel lavoro.
- Penseranno all'aperitivo mentre tu continui a parlare a vanvera.

Bene, ora che ho esposto le ragioni principali per cui non dovresti dare consigli, prenditi un momento per considerare le tue motivazioni e azioni:

1. Cosa ti spinge a rispondere alle domande e a consigliare le persone?
2. E se non rispondessi? Potresti avere un risultato positivo?

3. In quali circostanze tendi a dare consigli? Quando, invece, non lo fai?
4. In quali situazioni pensi di poter provare a rendere autonome le persone, invece che dar loro consigli?

Vediamo allora che cosa fare.

Possiamo utilizzare un **modello di coaching** che è facile da ricordare e applicare. Fornisce una struttura logica passo-passo che può essere applicata sia in una conversazione di dieci minuti sia per un incontro di un'ora. Prima di vedere il modello, tuttavia, diamo un'occhiata specifica a un elemento chiave di qualsiasi sessione di coaching di successo: il potere delle domande significative.

Fare domande significative

Fare domande significative è una competenza che va al cuore del vivere e dell'apprendere. Gran parte del successo nella nostra carriera e nella nostra vita personale dipende da come e quali domande facciamo e quali decisioni prendiamo in base a ciò che impariamo.

I migliori insegnanti e leader spingono la riflessione facendo domande. Possono coinvolgere e insegnare a un team come essere curiosi su se stessi e sulle proprie convinzioni. Domande significative e creative stimoleranno il pensiero critico, e il pensiero critico è molto più potente delle risposte fornite su un piatto d'argento. Può ispirare la curiosità e una profonda comprensione delle barriere personali e dei modi per superarle.

Per fare domande potenti, devi coinvolgere tutte le tue facoltà, tutto te stesso, davvero, incluso la logica e l'istinto.

Ti è mai capitato che qualcuno ti raccontasse di una sfida o di un obiettivo e, a metà conversazione, il tuo istinto ti dicesse che qualcosa non andava, che c'era qualcosa che non quadrava? Quando ascolti nel modo giusto, la tua curiosità si accende e cerchi con tatto delle nuove informazioni.

Visualizza l'interlocutore come un iceberg. La punta dell'iceberg rappresenta il suo mondo esteriore, la parte visibile e manifesta, la parte che vuole che tu conosca di lui. Facendo domande stimolanti e ascoltando attentamente, tuttavia, puoi conoscere di più sulla parte "nascosta" dell'iceberg: il suo atteggiamento e comportamento sottostanti, i suoi valori, credenze, pregiudizi, paure, speranze, emozioni e giudizi. Solo essendo curioso e attento (rimanendo neutrale), capirai se qualcuno condivide solo la punta dell'iceberg o anche qualcosa del suo mondo interiore sommerso.

Una volta ho lavorato con una cliente, Natalie, che iniziava ogni sessione dando la colpa a motivi esterni perché non otteneva ciò che voleva al lavoro. Diceva: «Il team non mi aiuta a trovare soluzioni» invece di «Faccio fatica a trovare soluzioni», o «I miei colleghi non mi supportano nel mio lavoro» invece di «Sto avendo difficoltà a risolvere questa cosa da sola».

Noti la differenza? Aspettandosi cambiamenti esterni, Natalie non riusciva a riconoscere che doveva guardare dentro di sé, sotto la superficie, per trovare le ragioni della sua frustrazione. Capirlo richiedeva un'esplorazione interna, non di incolpare gli altri. Sapevo che alla fine avrebbe avuto bisogno di trovare il coraggio di chiedere aiuto, ma ciò a sua volta significava che avrebbe dovuto rivelare la sua vulnerabilità e non era ancora pronta.

Ecco come avvicinarsi a una conversazione simile a quella

che ho avuto con Natalie, utilizzando un modello di coaching focalizzato sulla persona:

- Fai domande aperte. Le domande sì/no limitano le risposte, mentre le domande aperte aiutano i clienti a elaborare i loro pensieri. Per esempio, chiedi:
  - o Come ti senti oggi? (e non Ti senti meglio oggi?)
  - o Cosa sta succedendo con il progetto? (e non Hai finito il progetto?)
  - o Come posso supportarti? (e non Hai bisogno di supporto?)
- Di solito, se inizi una domanda con «Quando», «Cosa», «Chi» o «Come», stai per fare una domanda aperta. Tuttavia, fai attenzione alle domande «Perché» e al tono di voce quando le poni, per evitare di sembrare giudicante.
- Quando hai davvero intenzione di dare supporto a una persona, e non di raccogliere solo delle informazioni, si modificano il tuo tono di voce, la tua presenza e il modo in cui vieni percepito. Se, per esempio, incontri qualcuno che consideri intelligente e capace, il tuo atteggiamento è molto più positivo di quando pensi che la persona sia noiosa e incapace. Il nostro atteggiamento cambia il modo in cui ci presentiamo energeticamente.
- Infine, un punto essenziale che condivido sempre con i partecipanti che vogliono imparare la mentalità da coach è che non dovrebbero restare bloccati nel cercare di trovare la domanda giusta da fare. Invece di chiederti cosa domandare dopo, pensa a cosa vuoi sapere dopo. Ascoltare bene e seguire la tua curiosità, ti aiuterà a sapere quali domande fare. Più avanti nel capitolo ti

indicherò una serie di domande che possono aiutarti, ma anche avendo la lista, dovrai per prima cosa dar retta alla tua curiosità e a ciò che percepisci.

Quindi, per supportare Natalie nell'esplorare ciò che stava succedendo sotto la superficie, le ho chiesto: «Cosa ti fa pensare che i tuoi colleghi non ti stiano supportando?», «Cosa potrebbe succedere se scegliessi di chiedere aiuto?» e «In quali aree senti di aver bisogno di supporto?»

Queste domande avevano lo scopo di spingerla a trovare le proprie soluzioni. L'ho incoraggiata a esplorare un cambiamento di rotta e le ho chiesto quali passi realistici avrebbe potuto intraprendere. Una volta identificate alcune modifiche al suo comportamento, le ho domandato quanto fosse convinta di dover modificare alcune cose, cosa poteva fare per mantenere nel tempo i suoi cambiamenti comportamentali e come fare a sentirsi responsabile di questo sviluppo.

Le domande significative sono il fondamento di una mentalità da coach. Nella prossima sezione, fornirò un quadro più dettagliato che delinea i cinque elementi chiave delle conversazioni uno-a-uno. Sono semplici e ti aiuteranno a stabilire obiettivi iniziali, chiarire l'esperienza del tuo interlocutore e identificare le sfide. Tenendoli a mente, sarai in grado di aiutare a esplorare soluzioni e offrire una guida nella loro implementazione.

Nell'appendice, troverai domande di esempio per ogni categoria e un modello di dialogo di coaching. Mentre queste domande sono pensate per essere utili (soprattutto all'inizio), non dovrebbero sostituire, ma solo complementare, l'utilizzo della curiosità. Alla fine, quando interagisci con un cliente, sarà importante seguire il tuo istinto.

Il modello di coaching

Il modello di coaching include cinque elementi:
1. **Scopo**
2. **Circostanze**
3. **Riconoscimento**
4. **Opportunità**
5. **Responsabilità**

1. Definire lo Scopo

È fondamentale definire gli obiettivi e concordare i risultati desiderati. Per farlo, devi prima sapere cosa sta succedendo, perché qualcuno vuole parlare con te e/o avere un aggiornamento su un progetto specifico. Alcuni esempi di domande che potresti fare sono:

* Cosa ti preoccupa?
* Di cosa vorresti discutere?
* Cosa ti sta succedendo in questo periodo?
* Cosa speri di essere in grado di fare di più, di meno o di diverso, come risultato della nostra conversazione? (Se sono vaghi nella risposta, puoi dire: mi hai citato parecchie cose, su quale vuoi concentrarti?)

L'obiettivo è semplicemente ottenere una chiara comprensione della discussione in corso. Ti fornirò più esempi in seguito.

2. Comprendere le circostanze

Troppo spesso, le persone cercano di fissare obiettivi o risolvere problemi senza comprendere pienamente le sfide che hanno davanti. Ti serve che i clienti spieghino cosa esattamente li limita e quali difficoltà stanno vivendo.

Per esempio, una cliente mi ha parlato della sua lotta per consegnare i progetti in linea con le tempistiche richieste. Dopo aver fallito per l'ennesima volta una scadenza, ha espresso rabbia per come le richieste dei colleghi e i cambiamenti costanti influenzassero il suo programma; in superficie, erano queste "circostanze" a causare i ritardi.

Man mano che approfondivamo l'analisi ha iniziato a capire che il colpevole non erano tanto le sfide esterne quanto la sua incapacità di respingere le richieste e dire no ai cambiamenti proposti; le "circostanze" erano la sua mancanza di assertività.

Senza indagare sulle circostanze più profonde, avremmo potuto semplicemente accettare la sua prima diagnosi senza indagare le condizioni sottostanti. Quindi, è essenziale continuare con le domande e raccogliere tutte le informazioni necessarie per superare le barriere e implementare le azioni correttive. Alcune domande per scoprire quali circostanze un cliente sta affrontando potrebbero essere:

- Qual è la situazione attuale?
- Quali barriere reali esistono per completare con successo il tuo obiettivo?
- Cosa non va bene nella tua vita/lavoro/team, ecc.?
- Quali sono le conseguenze per te/il tuo team?
- Dove deve avvenire il cambiamento: internamente o esternamente?

Mentre la persona descrive le circostanze, mantieni curiosità e interesse per tutto il tempo. Quando ascolti, lasci che condividano e fai domande potenti, permetti che prendano forma delle soluzioni.

3. Riconoscere la situazione

Cosa significa dare il giusto riconoscimento a qualcuno? Può essere semplice come far sentire quella persona ascoltata e approvata: anche piccoli sforzi in tal senso possono significare molto. Una forma semplice di riconoscimento è parafrasare o ripetere l'essenza di quanto è stato detto: «Quindi, se ho ben compreso, ciò che hai detto è...» Assicurandoti di aver capito correttamente farai sentire l'altra persona ascoltata e compresa.

Riconoscere la situazione di qualcuno è importante, ma è altrettanto importante comprendere il modo in cui la persona ha vissuto tale situazione, specialmente quando quella persona sta avendo difficoltà.

Immagina che un tuo subordinato abbia problemi con un software pieno di errori. Gli sembra di non avere abbastanza supporto e, per peggiorare le cose, un collega si è appena ammalato, lasciandolo a lavorare sull'applicazione da solo. Potresti dire qualcosa di semplice come: «Ehi, deve essere stato difficile assumersi tutto il peso da solo, la scorsa settimana. Non mi stupisco che tu sia stressato, stanco e frustrato.» Nella prima parte, riconosci ciò che è successo; nella seconda, partecipi alle emozioni di stress, frustrazione o stanchezza che la persona ha provato.

Una volta che si sente supportato e sa che le sue opinioni e le sue lotte contano, probabilmente tirerà il fiato e si rilasserà visibilmente. Si sente *preso in considerazione*.

Il semplice atto di riconoscimento lo aiuterà ad andare oltre e concentrarsi sui prossimi passi.

4. Esplorare opportunità e possibilità

A questo stadio, puoi coinvolgere il tuo interlocutore in quello che chiamo un "dialogo trasformativo". Ora ha trovato le sue soluzioni ed è pronto a mettersi in cammino, quindi vuoi aumentare la sua motivazione, costruire fiducia e ispirare impegno. Per farlo entusiasmare sulle opportunità, potresti chiedere:

- Quali possibili risultati potrebbero derivare dal cambiare rotta?
- Quali vantaggi prevedi?
- Raccontami di più su come questa cosa potrebbe funzionare per te/il tuo team?
- Cosa ti aiuterebbe? Di che supporto hai bisogno per raggiungere i tuoi obiettivi?

I dialoghi trasformativi possono aiutare le persone a spostarsi dal fronteggiare ostacoli all'immaginare risultati positivi che, a loro volta, daranno focus e scopo al loro lavoro.

In ogni momento, fai attenzione a non cadere nella trappola di dare consigli come un mentore; invece, aiuta la persona a riflettere sulla propria capacità di trovare soluzioni.

Ovviamente, dovrai adattarti al livello di conoscenza del tuo collega o cliente. Con un dipendente junior, potresti dover offrire più idee; con il personale senior, sarà sufficiente un minor numero di indicazioni. Ma indipendentemente dal livello di persona con cui lavori, assicurati di fare una domanda per ogni "seme" che vuoi piantare, vedi che effetto fa e scopri cosa serve per incoraggiare il suo senso di responsabilità al riguardo.

5. Formare il senso di responsabilità

Avendo esaminato le circostanze ed esplorato le opportunità, i tuoi allievi avranno ora una certa idea di come poter raggiungere il loro obiettivo. Il tuo passo finale come coach sarà farli impegnare su azioni specifiche ed esplorare strategie per evitare ricadute.

Quello che vuoi sentirti dire dal tuo allievo è cosa intende fare e quando inizierà. Non riassumere la conversazione precedente e non ricordargli i prossimi passi; se lo facessi, saresti ancora tu ad avere la responsabilità. Piuttosto, lascia che ti dicano come andranno avanti.

Alcune buone domande di coaching per facilitare il trasferimento della responsabilità sono:

- Quanto sei pronto a iniziare? (Qui stai verificando l'impegno. Qualcuno più preparato dirà che inizierà subito. Altri potrebbero trovare scuse o barriere.)
- Cosa inizierai precisamente a fare in misura minore, maggiore o diversamente?
- Come puoi suddividere il percorso in parti gestibili? (Qui gli stai chiedendo di essere più specifico.)
- Cosa potrebbe impedirti di continuare a mantenere i nuovi comportamenti?
- E se impegnarsi in nuovi comportamenti fosse più complicato di quanto pensavi?
- Chi può verificare che tu mantenga i tuoi impegni e supportarti?
- Quando/come mi terrai informato sui tuoi progressi?

Con queste domande, stiamo verificando la grinta e la motivazione al raggiungimento degli obiettivi. Se percepisci debolezza, esplora cosa potrebbe trattenere la persona, cosa c'è sotto l'iceberg. Segui il tuo istinto per identificare eventuali barriere. Una domanda finale potrebbe essere: «Come festeggerai?» In questo modo, puoi aiutarlo a capire che potrebbe avere un grande ritorno personale.

Non aver paura di sfidare la persona, se percepisci dubbi o debolezza su come porterà a termine l'impegno. Continua ad incontrarlo regolarmente in modo da potergli chiedere dei progressi e allenarlo per superare eventuali ostacoli. Abbi fiducia nel processo di coaching, e concentrati su cosa può fare di più, di meno o diversamente. Offri il tuo supporto e incoraggialo a contattarti per discutere dei progressi. Mentre lo vedi avanzare verso gli obiettivi, non dimenticare di festeggiarne i successi, per quanto piccoli.

Come coach, hai la responsabilità e il potere di cambiare la vita dei tuoi clienti. Non voglio metterti pressione, giusto? Ma hai questo potere, davvero. Ricorda solo che se tutte queste domande fossero state poste senza vera curiosità, il tuo cliente l'avrebbe subito capito. Domande di qualità poste con curiosità, tuttavia, inevitabilmente gli permetteranno di vedere se stesso e le sue capacità.

William Miller ha scoperto che il tempo speso nel counseling è talvolta inutile rispetto ad altre pratiche. Per esempio, è convinto che la discussione non fornisca una motivazione a cambiare; è semplicemente inefficace costringere le persone ad affrontare le loro battaglie. Miller si chiedeva cosa accadrebbe se i terapisti aiutassero semplicemente i pazienti a capire cosa vogliono *loro*, invece di inseguire i suggerimenti dei loro esasperati amici o colleghi.

Riformulando il problema, Miller ha scoperto che il modo più efficace per aiutare le persone a ricollegarsi ai loro principali valori e obiettivi era smettere di cercare di controllare i loro pensieri e comportamenti, sostituire il giudizio con l'empatia e sostituire le lezioni con le domande.

Nell'istante in cui smettiamo di imporre il nostro programma agli altri, eliminiamo la lotta per il controllo. Il momento in cui quella lotta viene interrotta è quando iniziamo veramente ad avere davvero un'influenza.

Miller ha sviluppato un metodo che ha chiamato "intervista motivazionale". Attraverso l'uso di domande aperte e non direttive, puoi aiutare gli altri a esaminare ciò che è più importante per loro. Solo ascoltando attentamente, puoi aiutare un cliente a scoprire da solo cosa deve fare e quali cambiamenti apportare. Una persona resistente può riconoscere solo l'ascendente di qualcuno che è disposto a rinunciare al controllo. Se ciò accade, può sbocciare una delle motivazioni umane più potenti: il potere di un cuore che vuole impegnarsi.

Il cuore impegnato è quello che è in allineamento con le intenzioni di una persona, che ha rimosso i pregiudizi ed è aperto a vedere l'altro come un fulcro di potenziale e di capacità. Le domande che provengono da un cuore impegnato sono uno degli strumenti più potenti della comunicazione umana. Nell'appendice di questo libro, troverai due dialoghi di coaching, così come un'ampia gamma di domande di esempio.

Capitolo 14

Come dare un feedback critico nel modo giusto

Un proverbio italiano ci dice che *La lingua non ha ossa, ma rompe le ossa*.

So di aver rotto alcune ossa e che le hanno rotte anche a me.

Dare feedback è uno degli atti più generosi di leadership. Grandi leader e mentori hanno la capacità di guidare e motivare gli altri senza rompere ossa, anche se ciò che devono condividere è una dura verità. In effetti, specialmente quando il feedback è impegnativo o difficile, impartirlo nel modo giusto fa la differenza. Puoi diventare la persona che ha cambiato una vita o essere un rompi-ossa.

Lisa, una istruttrice del mio team quando ero progettista della formazione, era inizialmente ottima nel tenere i corsi che sviluppavamo. Dopo qualche mese, però, iniziarono a esserci dei problemi, le sue prestazioni peggiorarono e i clienti cominciarono a lamentarsi. Dovevamo affrontare la situazione.

Non ero il suo manager, ma siccome ero responsabile dei corsi che lei teneva, il nostro capo mi chiese di darle un feedback sulle prestazioni. Perché io? Pensai. Non poteva dirglielo il mio capo? Rimandai la conversazione per un po', ma dopo alcune settimane finalmente fissai l'incontro tanto temuto. Mi proposi di essere molto chiaro sui problemi e sulla necessità di miglioramento.

Ci incontrammo tramite video, online. All'inizio, era vivace come al solito, e facemmo quattro chiacchiere su quello che ci succedeva nella vita. Poi spostai la conversazione e affrontai i suoi bassi punteggi di valutazione. Appena lo feci, la vidi irrigidirsi. Con il viso che mostrava apprensione, disse: «Va bene. Cosa sta succedendo?»

«Lisa» iniziai, «negli ultimi corsi che hai tenuto, ho notato che hai saltato diversi punti chiave e la tua prestazione è stata inferiore a quanto richiesto. I partecipanti erano confusi e dovevano interromperti con domande di chiarimento. Mostravi di non essere preparata, e di conseguenza la classe non riusciva a seguirti.»

Lisa non disse una parola.

«Ho anche guardato le valutazioni» continuai. «I partecipanti si sono lamentati, e i punteggi sono stati davvero bassi. Sai» aggiunsi mostrando disappunto, «questo influisce anche sulla mia reputazione e sull'immagine del nostro dipartimento di formazione».

Smisi di parlare e mi appoggiai indietro sulla sedia. Lisa era visibilmente turbata. Aveva le braccia incrociate e mi guardava dritto senza dire una parola. Dopo un po', ruppe il silenzio. «Sai, ho visto anch'io i risultati delle valutazioni, e sapevo di aver combinato un pasticcio. Ho faticato per un bel po' con questo programma di corsi, ma tu non lo sai perché non abbiamo mai avuto davvero la possibilità di parlarne. Mi hai dato il supporto del facilitatore solo una settimana prima che iniziasse la formazione, e poi mi hai abbandonato.» Poi aggiunse: «Possiamo parlarne un'altra volta? Adesso penso di essere troppo irritata per trarre qualcosa di positivo da questa conversazione.»

«Certo» dissi. «Parliamone un'altra volta.»

Chiudemmo la chiamata virtuale, e uscii dalla sala conferenze sentendomi una persona orribile. Mi piaceva Lisa e non volevo ferire i suoi sentimenti. Sapevo di aver fallito nel darle il feedback. Aveva bisogno di dire ciò che aveva detto, e io avevo davvero bisogno di sentirlo. Ci vollero però alcuni anni prima che capissi quanto avevo davvero sbagliato.

Fornire feedback è impegnativo. Le persone hanno paura di darlo e spesso si sentono a disagio nel riceverlo. Il feedback è qualcosa che vorremmo delegare. Dopo tutto, chi vuole influenzare negativamente una relazione o causare brutti sentimenti dicendo a qualcuno che il suo lavoro ha bisogno... beh, di *lavoro*?

Non sorprende che la ricerca sul cervello abbia mostrato che le persone reagiscono alla parola feedback nello stesso modo in cui reagiscono alle minacce fisiche. Richard Farson, fondatore del Western Behavioral Sciences Institute, ha spiegato ne *La valutazione rivalutata* del 1963 come l'atto di dare feedback, sia positivo che negativo, implichi superiorità. Possiamo interpretarla così: se ti permetto di darmi un feedback su qualcosa che ho fatto bene o ho rovinato, accetto il tuo stato di persona superiore a me su quell'argomento. Significa che ammetto di essere inferiore a te e devo riconoscere che hai più capacità di me.

Tuttavia, ci sono molti modi diversi di dare feedback che non fanno desiderare al ricevente di appassire e morire all'istante. La chiave è offrire supporto, essere empatici, scegliere attentamente le parole e usare un tono che faccia sentire il ricevente valorizzato per quello che fa e per chi è.

Dare un feedback costruttivo

Iniziamo con qualche idea su come prepararti per la tua discussione.

Prima di guadagnarti il diritto di dare feedback, devi **verificare le tue intenzioni**. L'ho detto prima: il contenuto di ciò che devi dire e il modo di esprimerlo sono secondari rispetto alle tue intenzioni e mentalità. Sempre!

Devi chiederti: qual è il mio scopo? Nel caso di Lisa, la mia intenzione non era di aiutarla e sostenerla. In realtà, stavo proteggendo me stesso, assicurandomi che la mia reputazione non ne soffrisse. Ho espresso superiorità criticando il suo lavoro, così non avrei dovuto assumermi alcuna responsabilità per le valutazioni basse. Ho puntato il dito contro di lei e ho completamente trascurato di riconoscere il ruolo che avevo svolto.

La prima lezione importante qui è di non renderla mai una questione personale; devi mettere da parte il tuo ego e metterti al servizio dell'altro. Per rendere la mia conversazione con Lisa produttiva, avrei dovuto spostare il mio pensiero dal fatto che mi toccava personalmente al concentrarmi sul feedback e sostenerla nel correggere le problematiche.

Se il tuo obiettivo è semplicemente rimproverare qualcuno per un lavoro mal fatto, puoi anche startene zitto; altrimenti, stai di fatto facendo il bullo. La maggior parte delle volte, l'individuo sotto esame sa già di aver commesso un errore.

La punizione non è la soluzione; infatti, è esattamente l'opposto della soluzione.

Le ricerche di neuroscienza mostrano che il rinforzo positivo è molto più efficace del feedback negativo. Se avessi considerato tutti gli aspetti positivi delle sessioni di formazione svolte da Lisa e non solo quelli negativi, avrei potuto aumentare l'efficacia della sua attività aiutandola a concentrarsi sulle aree di miglioramento.

Ciò che è essenziale in queste conversazioni è **creare uno spazio sicuro** basato sulla fiducia. Costruire un rapporto non avviene dall'oggi al domani, quindi dovrai essere ancora più attento se non hai già un rapporto forte e di fiducia con questa persona. Sii sensibile e inclusivo e non dire nulla che possa metterla sulla difensiva. Puoi iniziare la conversazione con qualcosa come: «Ehi, immagino che entrambi sappiamo perché siamo qui oggi. Non so cosa ti stia passando per la testa e cosa tu provi in questo momento. Se fossi al tuo posto, probabilmente mi sentirei frustrato, stressato, arrabbiato e deluso. Che mi dici?» e poi aspettare di sentire cos'ha da condividere.

Un piccolo preambolo come questo richiederà solo pochi secondi, ma le permetterà di sapere che l'incontro sarà un dialogo piuttosto che un'accusa unilaterale. Non è necessario usare le mie esatte parole; trova quelle che ti si addicono di più e che la metteranno a proprio agio.

Una volta che hai ascoltato e hai compreso la sua prospettiva, puoi passare a condividere il tema principale dell'incontro. Nel caso di Lisa, avrei potuto dire: «Lisa, ero presente alle tue ultime due sessioni di formazione e ho anche avuto riscontri dai partecipanti e dai clienti riguardo alle lezioni. I punteggi di valutazione erano inferiori a quello che ci aspettavamo. Deve esserci qualcosa che non so, che mi sono perso o che non capisco, su quello che è successo. Puoi dirmi cosa ne pensi? Puoi aiutarmi a capire meglio, così posso aiutarti?»

Con questo tipo di introduzione, puoi fare riferimento a ciò che hai sentito o notato riguardo alle prestazioni scarse, ma permetti anche all'interlocutore di **condividere il suo punto di vista**. Questo passaggio è cruciale perché permette a una come Lisa di sentirsi ascoltata e di condividere le sfide che ha affrontato. Mentre la persona racconta ciò che le è successo, assicurati di ascoltare bene e continuare a fare domande aperte.

È in questo momento che Lisa avrebbe condiviso la sua frustrazione con me per non aver ricevuto il supporto alla formazione con sufficiente anticipo e per la mia mancanza di coinvolgimento nel suo apprendimento del programma. (E, ad essere onesti, visto che non avevo fornito quel supporto, avrei dovuto stare anch'io sulla graticola per un po'.)

Ora, il passo successivo è passare a una **correzione costruttiva**. Qui puoi dire: «Ti va bene se condivido alcuni osservazioni?» Questo è un modo semplice per chiedere il permesso di aggiungere il tuo contributo. Non ti preoccupare, diranno di sì e apprezzeranno che tu abbia chiesto e li abbia messi a proprio agio.

Poi spiega cosa è successo. Puoi parlare dell'impatto che

la prestazione ha avuto sul progetto, sul servizio o sulle persone. Non dilungarti troppo, mantieni il tuo feedback breve e fai una pausa per porre domande e ascoltare. Le domande potrebbero essere: «Cosa ne pensi di ciò che ho appena condiviso?» o «Quali sono le tue osservazioni su ciò che è successo?» Qui inizi a spostarti nel *Modello di coaching*. Ascolta, riconosci ciò che senti e poi passa alla sezione *Opportunità* del modello, prima di definire un comportamento correttivo.

Chiedi loro di assumersi la responsabilità del cambiamento con domande del tipo: «Cosa puoi fare per assicurarti che il problema sia risolto e non accada di nuovo?», «Quando inizierai?», «Cosa devo fare per aiutarti?» e «Qual è il modo migliore per affrontare questi problemi in futuro?»

Nel complesso, il punto qui è aiutare l'altra persona a crescere piuttosto che punirla. Dovrebbero sentirsi supportati e motivati a cambiare il loro comportamento, non svuotati e demoralizzati.

Per quanto riguarda te stesso, sarebbe bene riflettere su come potresti aver contribuito al fallimento. Se io avessi riflettuto un po' di più sul mio ruolo nei confronti di Lisa, invece di crogiolarmi nella protezione personale, quasi certamente avrei notato la mia incapacità di sostenerla adeguatamente. E se avessi iniziato la nostra conversazione riconoscendo quel fallimento, l'avrei fatta sentire molto più a suo agio e disposta ad affrontare il dialogo sulla sua prestazione.

Un po' di riflessione prima del tuo prossimo incontro di feedback può fare una grande differenza. Rifletti su cosa ti auguri di ottenere e stabilisci le tue intenzioni. Crea una connessione che faciliterà il cambiamento. Spesso, le persone si sentono più a loro agio e meno sulla difensiva quando ammetti i tuoi errori, se ce ne sono («Mi dispiace se non ti ho supportato/preparato bene per questo programma») e se normalizzi ciò che è accaduto («Siamo tutti umani, tutti facciamo errori e abbiamo brutte giornate»).

Non rimandare le conversazioni, per quanto possano essere difficili. Evitarle sarebbe un disservizio per tutte le persone coinvolte e diluirebbe solo l'impatto e la rilevanza del tuo feedback.

Affronta le problematiche il prima possibile. Dare feedback non è solo parte del tuo lavoro, è qualcosa che devi al tuo collaboratore. E il modo in cui dai feedback, in un modo o nell'altro, lascerà un'impressione duratura.

Dare Riconoscimento e Lodi

Ora affrontiamo il tema del riconoscimento e delle lodi. Lodare è un altro elemento essenziale per rafforzare un comportamento positivo.

Ecco alcune osservazioni su come i commenti costruttivi possono aiutare le prestazioni e il lavoro di una persona ed evidenziare gli aspetti positivi del suo carattere.

Il metodo per dare riconoscimento e lodi tocca due aspetti: apprezzare ciò che hanno fatto e riconoscere chi sono. In poche parole, stai dicendo 1) «Apprezzo il tuo lavoro, progetto, compito, ecc.» e 2) «Riconosco chi sei come persona: affidabile, intelligente, leale, puntuale, sicuro, efficiente, ecc.» Quindi, potrebbe suonare più o meno così:

1. «Ehi Julie, grazie mille per aver finito il progetto in tempo e per aver aumentato le vendite. Hai creato un prodotto incredibile.» (La prima parte apprezza il compito che è stato svolto.)

2. «Mi piace davvero quanto sei stata efficiente e intelligente nel pianificare e consegnare questo prodotto.» (La seconda parte riconosce le caratteristiche personali.)

Ovviamente, devi usare le tue parole: qualsiasi cosa che non suoni come il tuo linguaggio sarà percepita come non sincera (perché è così). Quindi se il tuo linguaggio è qualcosa come «Ehi Julie, lavoro incredibile nell'aumentare le vendite questo mese. Sei fantastica a completare queste attività», allora va bene così. Ogni azienda e ogni dipartimento ha il proprio gergo e costumi.

Fai in modo che le tue parole contino. Ricorda che mostrare apprezzamento per un compito ben fatto è solo il primo livello; riconoscere la persona per chi è rappresenta un livello superiore di riconoscimento, che resterà loro in testa più a lungo e li farà sentire molto più valorizzati. I progetti assegnati cambieranno, ma le loro caratteristiche e qualità caratterizzeranno tutta la loro carriera. Potresti essere la persona che ha cambiato la loro vita notando qualcosa in loro che non avevano considerato.

Per approfondire il senso di riconoscimento e delega, puoi chiedere loro di parlare di come hanno completato un compito di cui vanno fieri. Chiedi di spiegare, con parole loro, cosa hanno fatto e come hanno raggiunto l'obiettivo. Non devi nemmeno trovare i termini giusti per il riconoscimento; semplicemente essendo curioso e chiedendo loro di approfondire il metodo utilizzato, si renderanno conto del loro talento e capiranno dove hanno bisogno di migliorare.

Un modo per farli condividere è chiedere se sarebbero disposti a istruire o fare da mentore ad altri che hanno bisogno di un po' di direzione e/o coaching. Questo è, nella mia esperienza, un ottimo modo per farli sentire apprezzati mentre vengono indirizzati a loro volta.

Per entrambi i feedback costruttivi e positivi, non aspettare mai e offri le tue lodi sinceramente e spesso. A volte solo un pollice in su, un sopracciglio alzato e un sorriso con un cenno del capo possono dare, come si dice, tutto il riconoscimento del mondo.

Domande:
- Con quale frequenza offri feedback? Aspetti le revisioni trimestrali o condividi frequentemente?
- Con quale frequenza rivolgi apprezzamento e riconoscimento diretti?
- Se pensi a qualcuno che ti ha fatto da mentore, cosa ha fatto che è stato memorabile? Come ricambiare?
- Qual è la tua prossima opportunità per mettere in pratica tutto questo?

Capitolo 15

Hai bisogno di più empatia: ecco come ottenerla

La mancanza di empatia è un problema serio, eppure, pochi di noi stanno realmente mettendo sufficiente impegno nell'imparare a diventare più empatici. In pratica, l'empatia viene spesso messa da parte e sostituita da priorità più urgenti e quantificabili; spesso, semplicemente, non ci prendiamo il tempo necessario a coltivare l'empatia perché dobbiamo concentrarci sui risultati da portare. In alcuni ambienti di lavoro, l'empatia è addirittura considerata un ostacolo diretto all'efficienza e alla produttività. Non c'è da stupirsi se molti di noi affrontano sfide simili al lavoro o al di fuori.

Tuttavia, è fondamentale che intrecciamo l'empatia ad ogni nostra intenzione e azione, poiché solo attraverso l'empatia possiamo influenzare positivamente le persone e creare connessioni significative. L'empatia è una competenza vitale di leadership e di vita. Senza di essa, non possiamo stabilire fiducia, e la fiducia è fondamentale per migliorare la collaborazione e le prestazioni.

La ricerca ha dimostrato che la mancanza di empatia influisce sulla nostra salute mentale e sulla vita personale sotto forma di stress (a causa della maleducazione che porta con sé), e provoca un elevato tasso di dimissioni e il deterioramento dell'impegno dei dipendenti sul lavoro. D'altra parte, innovazione, coinvolgimento, retention e inclusività migliorano drasticamente nelle organizzazioni dove è presente l'empatia. Ma davvero abbiamo bisogno di dati e ricerche per dimostrare che la mancanza di empatia avrà effetti negativi su di noi? Vorresti lavorare in un ambiente in cui non ti senti valorizzato, apprezzato e rispettato?

Amy vive nella Bay Area. È una leader determinata e di successo dell'industria high-tech. Ha completato una serie di progetti estremamente di alto profilo per diverse corporation. Durante una delle nostre sessioni, Amy mi ha detto, «Non so, questa roba è troppo complicata.»

«Quale roba?» ho chiesto.

«Come rivolgersi alle persone» ha risposto. «Dobbiamo fare attenzione a tutto ciò che diciamo. Ci sono così tante cose da considerare, così tante personalità. È estenuante.»

Poi ha aggiunto «Sai, in generale, non penso di essere così empatica, e questo è probabilmente il mio problema.»

Puoi pensare che siano le parole di una persona molto

giovane, ma Amy è sulla cinquantina e ha già gestito numerosi team. È conosciuta come una che fa bene le cose.

Anche se, in generale, ha una personalità piuttosto piacevole, Amy ha un modo di tenere tutto sotto controllo, e il suo team lo sa. Quando parlava con me, usava espressioni come, «Non abbiamo tempo per queste sciocchezze», «Non possono semplicemente concentrarsi sul lavoro? Sono pagati per fare un lavoro» e «Voglio solo che le cose vengano fatte, non sono la loro madre.»

Ragazzi, quelle parole mi ricordavano qualcosa! È esattamente così che la pensavo un tempo e, di conseguenza, ho dato la mia parte di risposte indelicate. Hai mai parlato o pensato come Amy? O usato espressioni come «Sei troppo sensibile», «Sono fatto così» o «Non intendo fare del male a nessuno»? Se sì, potresti essere nella stessa barca in cui si trovava lei.

Si potrebbe obiettare che questo tipo di pensiero non mostri necessariamente una mancanza di empatia, ma forse è il caso di guardarci un po' più a fondo. Come minimo, possiamo convenire sul fatto che si tratta di un atteggiamento di rifiuto, e sono convinto che ogni volta che respingiamo i sentimenti personali di qualcuno come irrilevanti, manchiamo di empatia.

La grande domanda è se l'empatia sia una capacità che può essere allenata, sviluppata e messa a buon uso. E la risposta è un sonoro sì. Tutti possiamo sviluppare più empatia, e se lo facciamo, ne beneficeremo noi personalmente tanto quanto il nostro ambiente.

La mancanza di empatia può derivare da una mancanza di pratica e comprensione, così come dalla cultura in cui viviamo o siamo cresciuti. Alcune persone sono naturalmente più empatiche; altre faticano di più a cogliere i segnali degli altri.

Quello che ho imparato negli anni è che le persone sono persone. Hanno sentimenti, si fanno male, e vogliono essere curate, apprezzate, riconosciute e viste per quello che sono.

Per ogni capitolo di questo libro, per ogni tema che sviluppo, l'empatia è l'elemento costantemente sottinteso. È richiesta quando ascolti, fai da coach, offri feedback e deleghi, ed è importante per il modo in cui ti vedi e come interagisci.

Quando mi stavo formando per diventare un facilitatore per Dale Carnegie, dovevamo apprendere competenze specifiche su come dare feedback costruttivi, mostrare empatia e fare sentire bene l'altra persona per quello che aveva fatto, in modo che potesse migliorare ulteriormente.

Durante il training, uno dei facilitatori ha detto «Cos'è questa fissazione per le parole gentili e i giri di parole? Non possiamo semplicemente dire loro che quello che hanno fatto era mediocre e aiutarli a fare meglio?» Ricordo che in quel momento ero d'accordo con quella persona. Pensavo che i partecipanti dovessero essere in grado di accettare il feedback critico e poi imparare sotto la nostra guida. Non era quello, dopotutto, per cui venivamo pagati? Ma ho imparato da allora che un feedback duro non aiuta affatto. Se vogliamo ispirare e guidare qualcuno a raggiungere un obiettivo, dobbiamo attingere alla nostra empatia per connetterci con i discenti in un modo sincero e significativo.

Non molto tempo fa, ho guardato un documentario di scienze sociali su Netflix chiamato *100 Umani*. In uno degli esperimenti, i formatori davano lezioni a un gruppo di persone su come far girare un piatto su un bastoncino. Poi hanno lasciato che i discenti provassero da soli e li hanno fatti esibire davanti a una giuria di giudici.

I giudici erano stati istruiti a dare feedback positivi o negativi in modo casuale ai partecipanti, indipendentemente dalla loro prestazione. Una donna è riuscita a far girare il piatto per quasi un minuto. Tuttavia, è stata scelta senza saperlo per ricevere una valutazione negativa, nonostante fosse una delle migliori nel gruppo. I giudici le hanno detto che la sua prestazione era stata terribile. Poi le hanno dato del tempo per uscire e fare pratica nuovamente. Quando è tornata, i suoi risultati sono stati peggiori di prima. Non è riuscita a far girare il piatto per più di pochi secondi.

Un altro uomo, che aveva completamente fallito, e non riusciva a tenere su il piatto per nemmeno un secondo, è stato scelto casualmente per ricevere un complimento. Per quanto fosse difficile dare un feedback positivo, i giudici hanno trovato qualcosa di costruttivo da dire. Quando è tornato per il suo secondo turno, l'uomo è riuscito a far girare il piatto per alcuni secondi in più. Risulta chiaro, quindi, come la critica e la mancanza di empatia possano influenzare una prestazione.

Ora, sapendo di questo esperimento, potresti pensare che dare un feedback positivo porti automaticamente a cambiamenti positivi. Tuttavia, le persone si accorgono se sei sincero e capiranno presto che la loro valutazione è stata solo una chiacchiera senza valore. Se vuoi che il feedback sia efficace, devi credere che la persona abbia davvero la capacità di migliorare: che ci sia una possibilità, per quanto piccola. Solo se ci credi con sincerità il tuo feedback farà sentire le persone apprezzate e ascoltate. Questo è ciò che significa l'empatia.

Bene, tutto questo è dunque buono e giusto, ma come diventiamo più empatici?

Sebbene non esista un approccio universale, diverse pratiche possono essere d'aiuto. La cosa più importante, credo, è prestare attenzione innanzitutto a ciò che si percepisce ed essere consapevoli delle proprie esperienze. Dobbiamo conoscere noi stessi per poter capire cosa funziona per noi.

Ora, questo tipo di consapevolezza non si sviluppa in laboratorio, ma è perfezionato e messo alla prova durante le nostre esperienze di vita, e alcune esperienze sono più adatte di altre a favorirlo.

Sto per condividere con voi alcuni tipi di esperienze che mi hanno aiutato a conoscermi. Ma, alla fine, sta a voi esplorare e capire cosa funziona meglio per voi. Il mio sforzo per quantificare l'impatto è ovviamente solo una stima approssimativa e sicuramente è variato in momenti diversi della mia vita.

1. Meditazione e silenzio – 10%
2. Esperienze di viaggio – 10%
3. Volontariato, specialmente all'estero – 20%
4. Dolore emotivo e momenti difficili – 30%
5. Curiosità e ascolto – 20%
6. Vivere la vita di qualcun altro – 10%

1. MEDITAZIONE E SILENZIO – 10%

Si è scritto molto sulla meditazione, ma cosa accade veramente quando ti siedi nella posizione del loto cercando di calmare la mente? Bene, iniziamo lasciando perdere quel modo di sedersi. Dimentica quella sciocchezza. Ogni volta che ho provato il loto completo, le gambe mi si addormentavano, mi faceva male la schiena e c'era più dolore che meditazione. Ora trovo più confortevole semplicemente sedermi dritto sul divano. Quindi scopri cosa funziona per te.

Medito da circa trent'anni, a intermittenza. Ho provato molti tipi di meditazione guidata per aiutarmi a calmare la mente, rilassarmi e centrarmi – ad esempio, concentrarmi sul respiro o sui chakra, o fare visualizzazioni. Qualunque metodo abbia usato, a volte ho amato la meditazione e mi sono sentito molto più sereno e calmo dopo; altre volte, mi sono arrabbiato, chiedendomi in primo luogo perché stavo seduto e poi cosa stavo cercando di ottenere. Col tempo, però, ho imparato che la mia mente si calma quando mi concentro a sufficienza su un oggetto – per esempio, i miei chakra uno per uno, o un suono specifico intorno a me, o il mio respiro, il petto che si alza e si abbassa, o qualsiasi cosa abbia un battito costante o un rumore regolare.

Ma cosa mi ha dato la meditazione, col tempo? Ricercatori neuroscientifici del Mount Sinai Medical Center di New York hanno scoperto che quando il cervello viene scansionato durante la meditazione, l'area dell'empatia (la corteccia insulare anteriore) si illumina significativamente. Quindi, calmare il nostro sistema nervoso ed espandere la consapevolezza interiore ci rende più consapevoli delle nostre emozioni e, quindi, anche delle emozioni degli altri.

Infatti, ogni volta che sono stato in grado di raggiungere un luogo di calma e concentrazione, mi è successo qualcosa. Sentire ciò che ho dentro mi ha aiutato a notare ciò che è fuori di me. Essendo più consapevole delle mie emozioni, sono diventato più sensibile e consapevole delle emozioni altrui. Coltivare l'empatia, ho capito, richiede esplorazione, esperienza e autoconsapevolezza. So esattamente come sia avvenuta questa svolta? Non proprio. Ma so che dopo aver meditato regolarmente solo per alcuni anni, potevo percepire molto di più di quello che stavano passando gli altri, probabilmente perché ero semplicemente più in contatto con le mie emozioni. Ho iniziato a notare fluttuazioni negli umori, nell'energia e nell'atteggiamento delle persone in modi di cui non ero consapevole prima. Era come illuminare con una torcia le mie emozioni, fossero esse rabbia, gioia, paura, eccitazione, serenità o frustrazione, e notare parti della condizione umana che precedentemente erano state nascoste.

Oltre a portare maggiore concentrazione e comprensione, la meditazione mi ha anche ricentrato. È come quel pilastro di pietra di sé di cui ho parlato in un capitolo precedente. Specialmente quando facevo meditazioni sui chakra, per me era come applicare del cemento fresco per rinforzare il mio pilastro del sé. Quando sono centrato, sono più consapevole di ciò che sento internamente, il che mi fa relazionare in modo più capace ed empatico con gli altri.

Incoraggio la meditazione? Assolutamente sì. Pratico la meditazione alcune volte a settimana, a volte per un'ora intera, altre volte solo per alcuni minuti.

Prova a capire quali pratiche funzionano meglio per te. A volte, fare escursioni da solo nella natura, fare giardinaggio, lavorare a un puzzle o dipingere possono aiutare a ricentrarti e a connetterti con le tue emozioni, allo stesso modo in cui può farlo la meditazione formale. Concediti del tempo e inizia a notare cosa ti succede.

2. **ESPERIENZE DI VIAGGIO – 10%**

Sono un appassionato di viaggi e non potrei vivere senza. Pianifico l'anno in base alle mie vacanze e colgo ogni opportunità per esplorare altre culture.

Sono cresciuto in Svizzera, in una famiglia e comunità italiana. Gli europei vedono le vacanze in modo diverso dagli americani. Le loro vacanze durano molto più a lungo e non si tirano indietro dal prendersi un po' di tempo libero. Ho trascorso la maggior parte delle mie vacanze in Italia e più avanti mi sono diretto verso altri paesi europei. Ho viaggiato da solo, zaino in spalla, in tutto il Sud-Est asiatico, mi sono trasferito negli Stati Uniti, ho fatto volontariato in Cina e in Africa e continuo a viaggiare all'estero ancora oggi.

Per me viaggiare significa lasciarmi alle spalle ciò a cui sono abituato e immergermi nel paese e nella cultura che sto visitando. Significa anche scoprire come sono influenzato e come reagisco a ciò che sperimento.

Per immergerti nei luoghi che visiti, la prima cosa da fare è liberarti del mondo che è a casa. È sempre facile? Nossignore. Ero così bloccato nelle mie comode abitudini che durante i viaggi capitava che non mi piacesse quello che mangiavo, annusavo, vedevo o con cui avevo a che fare. Ma tutto ciò è parte dell'immersione e della scoperta. È essenziale liberarci delle abitudini domestiche per comprendere le culture altrui. Se pensi di essere rigido andando all'estero, tanto vale accendere Discovery Channel e mangiare una ciotola di cereali sul divano.

Cosa ancora più importante, viaggiare ti dà la possibilità di vedere come reagisci alle altre culture. Potresti scoprire altri lati di te stesso che non sapevi esistessero. Fare un viaggio e immergersi in un ambiente diverso potrebbe ampliare il concetto che hai di te stesso e farti capire che l'altro non è veramente "l'altro", ma un essere umano simile a te.

Certo, a volte anch'io voglio starmene da solo, sedermi su una spiaggia e leggere un libro, specialmente quando il tempo per le vacanze è limitato. Quello di cui ho voluto parlarvi è l'idea di fare un'esperienza diversa, qualcosa che stacca dalla routine, che porta a pensare in un modo completamente diverso. Qualsiasi esperienza che ti permetta di cambiare prospettiva e conoscere te stesso in modo un po' nuovo può aiutarti ad aumentare l'empatia.

3. VOLONTARIATO, SPECIALMENTE ALL'ESTERO – 20%

Fare volontariato non è qualcosa che ho fatto fin da giovane. I miei genitori erano generosi e gentili, ma preferivano donare denaro, non fare volontariato. Tuttavia, anche se non sono cresciuto facendo volontariato, io e i miei fratelli eravamo abituati ad aiutare familiari e amici, e spesso lo facevamo fino allo sfinimento.

Solo più tardi nella mia vita ho iniziato a fare volontariato per cause più grandi, specialmente all'estero, e ciascuno di questi viaggi ha aumentato drasticamente il mio livello di empatia. La prima volta che ho sperimentato un notevole salto di compassione dal volontariato è stato quando sono volato in Ghana come parte di un gruppo di volontari in una missione medica per *Alliance for Smiles* (AfS).

AfS offre interventi chirurgici gratuiti in tutto il mondo ai bambini con il labbro leporino e la palatoschisi. Nella mia prima missione, lavoravo agli approvvigionamenti e come sterilizzatore. Aiutavo con l'inventario e stavo proprio accanto alla sala operatoria, per sterilizzare gli strumenti dopo ogni intervento. Ho anche aiutato i medici e le infermiere all'accettazione e facendo ciò, ho visto genitori che avevano viaggiato per giorni per portare i loro bambini in ospedale. Ho visto madri in attesa fuori dalla sala operatoria, ansiose di vedere il nuovo volto del loro bambino dopo l'intervento chirurgico. Ho vissuto le preoccupazioni e le speranze dei padri. Ho visto le loro lacrime e i sorrisi di gioia.

Non dimenticherò mai la volta che mi si sono riempiti gli occhi di lacrime e mi si è stretta la gola, quando Teresa, un'adolescente, si è svegliata dall'intervento, si è messa seduta sul letto della sala di risveglio e ha allungato le braccia, per stringere la mano a tutti. Era così ansiosa di ringraziarci per averle sistemato il viso e cambiato la vita. Per me, quel momento è stato sconvolgente. Ero così commosso che ho dovuto ritirarmi nella stanza di sterilizzazione e iniziare a pulire gli strumenti, incapace di parlare, con le lacrime che mi bagnavano la mascherina chirurgica.

Sono momenti come quello con Teresa che possono trasformarti completamente. È un'esperienza che rompe quel guscio duro che hai portato in giro per anni, aprendoti a emozioni che non avevi mai provato prima. Ma questa è una crepa che non puoi riparare e non vorresti nemmeno. Vuoi che continui ad espandersi, a crescere e ad aiutarti a diventare più autentico, vulnerabile ed empatico. I volti delle persone che hai aiutato, i loro sguardi di apprezzamento, sono immagini che rimangono con te. Hanno il potere di modellare un nuovo te.

Dopo il Ghana, sono andato in due missioni mediche simili in Cina. Si potrebbe pensare che ci si abitui o che ci si indurisca a quelle potenti risposte emotive, ma è stato il contrario. Più ero in contatto con le mie emozioni e più ero toccato dalle mie esperienze di volontariato. Ero spesso sopraffatto solo alla vista delle famiglie che arrivavano negli ospedali, i volti dei genitori che vedevano i loro figli e poi gli abbracci di gratitudine che ricevevo. A volte erano semplici sguardi di riconoscenza che mi riempivano il cuore di compassione.

Agire con empatia è dare l'esempio. Una cosa è capire il dolore, la sofferenza o la povertà e avere compassione; un'altra cosa è usare l'empatia per fare qualcosa.

Quando vivi con il cuore, ti connetti, ti integri, appartieni e ti assimili con la tua comunità. Ne fai parte anziché guardare dall'esterno. Inoltre, agire con empatia dimostra agli altri che la gentilezza quotidiana fa emergere il meglio dell'umanità. Come genitore, dimostri gentilezza ed empatia ai tuoi figli. Come leader, ti fondi con il team e l'organizzazione attraverso conversazioni empatiche, diventi il falò intorno al quale le persone vogliono sedersi e scaldarsi.

4. DOLORE EMOTIVO E TEMPI DIFFICILI – 30%

Non voglio assolutamente che tu ti metta imprudentemente in situazioni troppo impegnative, né voglio che ricerchi il dolore emotivo, ma, come tutti sappiamo, entrambe le cose sono inevitabili e lasciano un segno. Quello che facciamo con quel marchio che ci è rimasto addosso è ciò che aiuta o ostacola la nostra crescita.

Credo che il dolore emotivo rappresenti fino al 30% della mia crescita nell'empatia, perché è nei momenti di dolore che sono più vulnerabile e sensibile a ciò che gli altri hanno vissuto. Ancora più importante, la memoria del dolore mi ricorda come mi sentivo e mi aiuta a relazionarmi con le difficoltà altrui.

Ricordo numerosi episodi dolorosi nella mia vita: momenti di solitudine durante i viaggi; lasciare la famiglia in Europa; ansia da separazione; la schiacciante paura di parlare in pubblico; la sensazione di essere un impostore quando ho fatto domanda per un nuovo lavoro o iniziato un nuovo progetto; relazioni romantiche fallite; la perdita di persone care; lo stress di sposarsi, comprare una casa e avere un figlio. Molte, se non tutte, le grandi decisioni della vita sono eccitanti in astratto, ma possono rivelarsi terrificanti nella realtà.

Ciascuno di questi incidenti ha lasciato un segno su di me, e questi segni mi hanno aiutato a diventare più empatico. Quando incontro persone che stanno attraversando un'esperienza simile, posso connettermi meglio con loro. Capisco che la mia esperienza non è la stessa, ovviamente, ma comunque ispira la mia empatia per loro.

Quando ci manca l'empatia, crediamo di aiutare gli altri dicendo loro cosa fare, di mettere in ordine la propria vita o di farsene una ragione, e ci diciamo «Com'è che non è in grado di risolvere il problema XYZ?» Beh, questo vuol proprio dire avvicinarsi a qualcuno nel peggiore dei modi!

In una discussione con Brené Brown, David Kessler ha sottolineato che ogni volta che giudichiamo qualcuno, di fatto, stiamo punendo quella persona. Sono d'accordo e so che, sfortunatamente, a volte l'ho fatto anche io. Il mio tono di voce, le espressioni del viso e gli argomenti stavano implicitamente "dando un voto" alle persone e alle loro azioni secondo una scala. Cioè, li giudicavo.

Troppo spesso tendiamo a valutare la sofferenza e il dolore secondo il nostro metro e misura, ma il dolore che qualcuno sta vivendo è solo suo e a volte è impossibile da valutare. Non aiuti un bambino che piange per un giocattolo rotto dicendogli «Dai, è solo un giocattolo», e non vorresti che qualcuno ti dicesse, «Dai, è solo la tua automobile da sessantamila dollari distrutta.»

La tua esperienza di dolore è solo tua ed è in linea con le tue capacità e circostanze attuali. «La peggiore perdita è sempre la tua perdita» ha sottolineato Kessler. Ma se credi che la perdita di un giocattolo da cinque dollari e una macchina da sessantamila dollari siano incomparabili, stai giudicando; usi la tua scala per valutare la perdita di un bambino contro quella di un adulto.

La vera empatia significa sentire il dolore dell'altro senza giudicarlo.

5. CURIOSITÀ E ASCOLTO – 20%

Essere curiosi su ciò che percepisci e fare attenzione alle tue emozioni, a ciò che ti scatena delle reazioni e al disagio fisico o emotivo, tutto questo migliorerà la tua crescita e ti aiuterà a diventare più empatico. Prestare attenzione ed esplorare ciò che accade dentro di te ti informerà su ciò che sta accadendo fuori di te. Perché?

È come assaggiare un nuovo piatto. Quando ti concentri sulle papille gustative nella bocca o sulle cellule olfattive del naso, capisci meglio la consistenza, il sapore, il gusto e l'odore del cibo. Osservare come i tuoi sensi rispondono a quel primo morso è paragonabile ad ascoltare le tue emozioni mentre prendono vita. Se osserviamo con curiosità e una mente aperta, arricchiremo la nostra comprensione degli altri e diventeremo più empatici.

Un modo semplice per praticare l'empatia attraverso la curiosità e l'ascolto è parlare con persone con cui non parli molto spesso: un vicino, il collega di un altro dipartimento, il membro di un club a cui appartieni. Vai in un luogo che in genere non visiti, come un edificio diverso o un quartiere in cui di solito non vai. Inizia a conversare con il passeggero accanto a te sull'autobus o in aereo. Sii curioso e ascolta... e vedi cosa succede. Il suo modo di vivere, i pensieri, la sua cultura scatenano qualcosa in te? Ti viene naturale giudicarlo e valutarlo? Se sì, è perché non stai ascoltando bene e non sei curioso.

6. VIVERE LA VITA DI QUALCUN ALTRO – 10%

Quando ho intervistato i clienti per capire come volevano che sviluppassi un'applicazione software per loro, o quando ho osservato qualcuno per alcune ore per comprendere meglio il suo lavoro e le sue sfide, è sempre stato illuminante per me vivere la loro vita, mettermi nei loro panni.

La serie televisiva *Boss in incognito* è un ottimo esempio di cosa significhi vivere il lavoro o la vita di qualcuno, e puoi fare lo stesso senza adottare un travestimento. Invece, puoi chiedere di trascorrere del tempo con le persone che vuoi capire meglio. Nella mia esperienza, dopo aver trascorso del tempo con i clienti e aver imparato com'è il loro lavoro e la loro vita, mi sento meglio accolto nel loro mondo. Se sei un project manager o chiunque faccia parte del processo di sviluppo del software, sai già che il miglior modo per capire qualcuno è trascorrere del tempo con lui o lei, essere curioso e fare domande.

Vivere la vita di qualcun altro significa mettere da parte ciò che senti, anche se solo per un momento, e metterti nei panni dell'altra persona, sentire ciò che questa persona sente. La ricerca mostra che quando viviamo la vita di qualcun altro, si attivano dei neuroni specchio e stiamo letteralmente "riflettendo" l'altra persona. Potresti aver vissuto qualcosa di simile quando hai provato gioia nell'assistere al successo di una persona o ti sei addolorato nel vedere un incidente in un video.

Quando accogli pienamente il dolore di qualcuno, è più probabile che tu provi empatia e sostenga quella persona. Farlo spesso crea le condizioni per mostrarti più vulnerabile; di conseguenza, gli altri hanno maggiore probabilità di avere empatia per te. Una maggiore fluidità nel rapporto lo migliorerà quasi certamente.

Come tutto il resto, l'empatia cresce con la pratica. È facile tornare ad essere egocentrici, specialmente quando sei sopraffatto dalla paura o dallo stress. Il vero lavoro, penso, sta nel perfezionare la nostra capacità di tenera a bada quei momenti. È solo quando non ci facciamo dominare dalle emozioni che possiamo espandere il nostro orizzonte e guardare dall'altro lato.

Nonostante i miei progressi in questo settore, ci sono ancora volte in cui mi trovo a reagire in modo inadeguato, senza empatia. I sei punti descritti prima mi hanno aiutato enormemente, ma a volte mi capita di infastidirmi con qualcuno. Però, quando accade, adesso ho abbastanza consapevolezza per allontanarmi prima di dire qualcosa di cui mi pentirò. Sviluppare l'empatia è un processo che non è mai concluso, che non ha mai fine. Ogni interazione ci offre una nuova opportunità di esercitarci. Anche se è un processo in continuo sviluppo, quando mi guardo allo specchio so di non essere più la persona che ero. Credo di essere diventato una persona migliore, più comprensiva. La chiave di tutto questo è l'empatia.

Domande:
- Come ti senti quando le persone intorno a te si sentono tristi?
- Prima di criticare qualcuno, quanto spesso cerchi di metterti nei loro panni?
- È facile o difficile per te percepire ciò che rende felice qualcuno che conosci?
- Ti infastidisce quando qualcuno viene trattato con disprezzo?
- Ci sono stati momenti in cui avresti potuto essere più empatico? Perché non lo sei stato?
- Quale dei sei elementi sopra hai provato? Su quale potresti dedicare più tempo?

Parte 3

Creare il proprio percorso

Qualsiasi cosa ci accada, accade *per* noi; sono la confusione e le sfide a darci prospettiva, profondità e l'opportunità di trasformazione.

Tuttavia, quando affrontiamo nuove sfide, spesso torniamo alle solite risposte, che ci sembrano sicure in quel momento. E se invece avessimo strategie per anticipare e abbracciare le sfide per il loro potenziale di crescita? E se avessimo una visione più alta di noi stessi abbastanza forte da abbandonare le nostre paure e diventare autodeterminati? E se potessimo rispondere a ogni nuova sfida con adattabilità e resilienza? È allora che diventeremmo veramente i leader per cui siamo venuti al mondo, non più conformandoci alle aspettative esterne, ma guidati dai nostri obiettivi e valori interni.

Capitolo 16

Dal piano terra alla balconata

«Sam» dissi, «devo chiederti una cosa. Mi hai detto che le tue giornate sono piene, che salti da un'attività e da una riunione all'altra e alle sei di sera sei esausto, è così?»

«Sì», rispose, «ma mi rilasso anche, ogni tanto, durante il giorno.»

«OK, ottimo. E cosa fai per rilassarti?»

Senza esitazione, Sam disse: «Sviluppo codice, trovo gli errori nei programmi... cose del genere.»

«Scusa» risposi io, «Sono le sei, hai avuto una giornata piena, sei stanco, e la tua idea di rilassarti è tornare a casa e programmare?»

«Sì», spiegò lui. «Programmare, per me, è come tornare nella culla, è la mia "caramella per il cervello". Posso concentrarmi sulla risoluzione di un problema o trovare un nuovo modo di applicare un processo. È il tempo *dedicato* a me.» Continuò: «Quando posso sedermi davanti al computer, con un'idea in testa e nessuno con cui dover parlare, creando qualcosa di nuovo, e dopo un'ora compilo il codice e vedo che funziona, oh cavoli, è un momento così speciale, sto alla grande.»

Lo capivo. Ricordo i giorni in cui sviluppavo programmi e quanto mi piacevano quei momenti di creatività. C'era qualcosa di così gratificante e rilassante. Ancora oggi, nel mio lavoro attuale, mi piace quando posso creare delle formule in programmi come Excel. Quando lavori su qualcosa che ami, escludi tutto il resto: le altre persone, le preoccupazioni, il chiacchiericcio nella tua testa. Che si tratti del campo medico, dell'edilizia, della produzione o dell'alta tecnologia, i clienti mi hanno parlato di momenti altrettanto calmanti. Stai tornando alle basi, quando hai cominciato a lavorare per la prima volta.

Ora, per quanto piacevoli possano essere questi momenti di "ritorno alla culla", essere risucchiati in questo tipo di attività può creare problemi, specialmente se sei in una posizione manageriale. Vediamo come questo ha influenzato Sam e la sua squadra.

Sam era un manager della progettazione, con un team di otto persone. Poiché amava così tanto il suo vecchio lavoro (programmare), veniva continuamente risucchiato in piccoli problemi di sviluppo, e si riempiva il calendario con questioni che lo distraevano dal suo vero ruolo manageriale. Ogni volta che qualcuno aveva un problema, veniva da lui per consigli e soluzioni. Poiché gli piaceva essere il risolutore di problemi e mettere le mani sul codice, si buttava a capofitto e aiutava senza esitazione, collaborando con la sua squadra per trovare una risposta. A volte, finiva per fare il lavoro da solo. Era il risolutore di problemi. Era l'eroe. Bravo!

Beh, non proprio. Se ti trovi in una posizione simile a quella di Sam, mi dispiace dirtelo, ma non sei affatto un eroe. In realtà, stai danneggiando il tuo ruolo di leader nei confronti dei tuoi subordinati e della tua organizzazione. Ci sono due principali insidie per i leader. Una è operare in modalità reattiva, sempre a spegnere incendi. L'altra è comportarsi come un accumulatore di conoscenze, togliendo alle persone l'opportunità di crescere. Entrambe le cose ti distolgono dal tuo ruolo di leader.

Piuttosto che essere trascinato tra le erbacce dei dettagli, vediamo come puoi lavorare in una posizione creativa, dalla "balconata".

Essere in Modalità Reattiva

Tante persone con cui parlo vogliono avanzare nella carriera, ma sono così legate allo spegnere incendi e impantanate nei dettagli, che continuano a operare in modalità reattiva. Sono attratte dai dettagli perché su quei compiti hanno costruito la loro identità e amano essere sotto i riflettori: l'eroe, il salvatore. Puoi entusiasmarti nell'essere in quella posizione, ma è la prima cosa che devi smettere di fare se vuoi diventare un leader più efficiente.

Operare con una mentalità reattiva ti costringerà a continuare ad affrontare le situazioni eliminando quello che non vuoi, che non funziona, o che deve essere risolto: problemi, rischi, ostacoli, difetti. In pratica, sei al pronto intervento.

Quando operiamo in questa modalità, reagiamo alle situazioni invece di anticiparle. Togliamo di mezzo ciò che non va, e lo consideriamo la normalità. È un circolo vizioso che ha questo schema: 1) noti una sfida o un ostacolo, 2) senti il bisogno ansioso di risolverlo, 3) risolvi il problema e 4) ti senti sollevato quando il problema è risolto.

Questi quattro passaggi ci fanno reagire e affrontare le sfide immediatamente. Di conseguenza, nel tempo, è come cavalcare un'onda con alti e bassi, dove il cavo dell'onda rappresenta i problemi e l'ansia di risolverli (punti 1 e 2) e la cresta dell'onda è la risoluzione e la soddisfazione nel risolverli (punti 3 e 4). Quest'onda ci porta a reagire continuamente alle sfide e a spostarci da stressati a eroi più volte al giorno o alla settimana, il che è un ciclo che ci sfinisce e dà dipendenza.

Non fraintendermi, non c'è nulla di sbagliato nel voler risolvere i problemi. Ma se vuoi essere un leader, devi allontanarti dalla continua risoluzione di problemi e dalla manutenzione spicciola e, invece, entrare in una mentalità creativa e un nuovo modo di operare. Troppo spesso pensiamo di potere risolvere i problemi semplicemente rimuovendo gli ostacoli, eppure l'approccio migliore sarebbe quello di andare a monte e creare un nuovo percorso che ci aiuterà a evitare continue riparazioni e aggiustamenti.

Passare da una mentalità reattiva a una creativa e proattiva significa che dobbiamo cambiare drasticamente il modo in cui pensiamo. Ti faccio un esempio. Diciamo che tu stia sviluppando un'applicazione che permette alle persone di visualizzare l'inventario di un negozio nella tua città. Mentre sviluppi l'applicazione, dovrai analizzare tutti i possibili ostacoli che gli utenti potrebbero incontrare e capire come le persone useranno la tua app. Prevederai ciò che vogliono, le tendenze di acquisto, i fastidi e problemi che gli acquirenti potrebbero sperimentare e i vantaggi/svantaggi del negozio. Quando passi attraverso questo processo, stai operando a monte in una modalità creativa. Analizzi, progetti, codifichi e costruisci il tuo prodotto con un approccio creativo, per evitare di dover reagire ai futuri problemi con paura e ansia.

Dunque, siamo in grado di lavorare in modo efficiente e creativo quando sviluppiamo un progetto, ma non siamo capaci di farlo se dobbiamo costruire noi stessi come leader. Eppure, è proprio identico. Quando parlavo con Sam, volevo che iniziasse a pensare a come sarebbero state le sue giornate se avesse potuto liberarsi dal dover spegnere continuamente incendi. Gli ho chiesto, «Cosa faresti se potessi liberare dello spazio nel tuo calendario?» Lui ha risposto: «Potrei iniziare a pianificare di più e concentrarmi su impegni di livello superiore.»

Esattamente: come quando si sviluppa un'applicazione, occorre pianificare e fare ricerche prima di poter iniziare a programmare e sviluppare algoritmi. Dobbiamo prima concentrarci sulla visione d'insieme. Dobbiamo adottare una mentalità in cui non ci focalizziamo su ciò che non vogliamo, ma sull'immaginare un risultato positivo per noi e i nostri team.

Infatti, perché Sam possa allontanarsi dalla tendenza a spegnere incendi continuamente, ha bisogno di applicare questo stesso modo di pensare. Deve concentrarsi sulla creazione di ciò che conta. Dovrà trascorrere del tempo riflettendo su ciò che desidera realizzare per la sua squadra e la sua organizzazione, piuttosto che soffermarsi su ciò che vuole evitare. Arriverà a comprendere ciò che conta mentre riflette su ciò che lo motiva intrinsecamente, e potrà quindi fare dei passi per concretizzare la sua visione come leader. Ora, diamo un'occhiata alla seconda insidia.

Quando l'accumulo di conoscenza impedisce la crescita delle persone

C'è una grande soddisfazione nell'essere un eroe. Chi non vuole salvare il mondo? C'è tuttavia una linea sottile tra farlo in un modo che permette alle altre persone di risolvere i propri problemi o diventare l'unico fornitore di soluzioni. Quando fai tutto il lavoro da solo, puoi guadagnare e persino sviluppare una dipendenza dal riconoscimento che ricevi. Di conseguenza, senza quel riconoscimento, potresti sperimentare risentimento o stress, o sentirti dispiaciuto per te stesso. L'ho chiamata "Sindrome dell'eroe": è la necessità inconscia di essere necessari e apprezzati, che crea amarezza quando non viene riconosciuta.

Le persone che operano in questa modalità spesso diventano accumulatori insicuri di informazioni. Si aggrappano alla conoscenza perché temono che, permettendo ad altri di condividerla, perderanno potere e valore.

Queste persone dicono cose del tipo: «Beh, se spiego come fare questa cosa e delego l'attività, allora a cosa servo? Potrebbero anche liberarsi di me.» Ho sentito esprimere questo sentimento molte volte. È importante riconoscere che tali pensieri hanno origine dal senso di paura e inadeguatezza. Questo modo di pensare impedisce a te di evolvere come leader e agli altri di diventare collaboratori competenti e indipendenti. Essere un accumulatore di informazioni crea un ambiente di dipendenza in cui le persone non riescono a sviluppare appieno il loro potenziale e continueranno sempre a fare affidamento sugli altri per risolvere i loro problemi.

Quando ho menzionato questi punti a Sam, si è facilmente riconosciuto in questo comportamento. Si è reso conto di non dedicare abbastanza tempo allo sviluppo della sua squadra e alla pianificazione di livello superiore.

Mentre comprendeva pienamente il problema, ha sollevato un punto che riteneva essere una sfida per se stesso. «Roberto» mi ha detto, «se voglio creare più spazio nel mio calendario per dedicarmi alle cose strategiche, devo iniziare a dire di no alle persone. Questo non mi viene molto facile.» Dopo avere passato anni a dire sì agli altri, capivo che non poteva semplicemente cambiare e dire di no a ogni richiesta che gli veniva fatta.

Quindi abbiamo discusso altri modi per rispondere alla sua squadra quando veniva a chiedere aiuto. L'ho invitato a creare un elenco di tutti i compiti e le riunioni a cui partecipava. Successivamente gli ho chiesto di identificare quali di questi molti compiti fossero risolvibili solo da lui e quali potevano essere delegati ad altri.

Gli ho chiesto di prendere un foglio di carta, tracciare una linea nel mezzo e creare due colonne. Sentiti libero di fare lo stesso anche tu, proprio ora. Intitola la prima colonna "Le mie aree di competenza": in questa colonna, scrivi ciò che tu, nel tuo ruolo, sei l'unico in grado di fare. Poi, intitola la seconda colonna "Compiti che posso delegare": qui, scrivi tutte le attività, progetti, incontri o riunioni a cui lavori regolarmente che potrebbero essere fatti da qualcun altro.

Se fai questo esercizio onestamente, troverai probabilmente non più di cinque elementi nella prima colonna e molti di più (tutto il resto) nella seconda. La seconda colonna è quella che ti mantiene in modalità reattiva (tra le erbacce) e che alla fine ti impedisce di stare sulla balconata. Devi iniziare a dire di no alle attività che hai inserito nella colonna "Compiti che posso delegare".

Ovviamente, non stai veramente dicendo di no alla seconda colonna; piuttosto, ti impegni a far crescere le persone in modo che possano risolvere i problemi da sole. Non sei lì per microgestire, facendo il lavoro di programmazione al posto degli altri, ma per sostenerli ed emanciparli. Se offri il giusto supporto con il linguaggio giusto, nel tempo i collaboratori ti lasceranno in pace e potrai dedicarti alle tue aree di eccellenza.

Per il momento, cerca almeno di cominciare a spostarti dalla mentalità da accumulatore a quella che ti permette di avere la disciplina per dire di no e la solidità per sopportare l'eventualità di deludere gli altri.

Se sei un genitore, sai esattamente cosa si prova a trattenersi dal dire sì a qualcuno a cui tieni. Probabilmente ti è capitato di vedere tuo figlio alle prese con una sfida e tutto quello che volevi fare era aiutarlo, ma sapevi anche che facendo così, lo avresti privato dell'opportunità di imparare e crescere da solo. Quindi, sei rimasto in ansia a guardare, osservando la sua battaglia, perché sai che bisogna affrontare delle difficoltà per riuscire a entrare nel mondo da soli, in futuro.

Così è con il tuo team sul lavoro. Pensa per un momento. Quante volte hai telefonato a un collega per farti aiutare con un problema e, quando non ha risposto al telefono, sei tornato a ragionarci e hai trovato una soluzione da solo? Poi, quando ti hanno richiamato, hai detto: «Ah, non preoccuparti, ho risolto.»

Trattenersi dal buttarti in ogni occasione in cui i tuoi collaboratori pensano di aver bisogno di aiuto sarà, nel tempo, molto più gratificante per te, perché saprai di aver contribuito alla loro crescita, anche se non sei stato direttamente coinvolto nel processo. È proprio questo che dimostra che sei un eroe e un leader. Una volta capito che il mondo può andare avanti senza il tuo costante coinvolgimento, sperimenterai una libertà molto più grande e sarai in grado di realizzare la tua visione per il futuro.

Com'è guidare dall'alto

Sam stava facendo molti progressi.

Tra una sessione e l'altra, applicava ciò che avevamo discusso e iniziava a implementare il suo nuovo stile di leadership. Le richieste di aiuto continuavano ad arrivare, e rifletteva su ciascuna di esse per decidere se dire sì o no. Ammise che gli era difficile dire di no, non solo perché non gli piaceva farlo, ma anche perché doveva trattenere l'impulso di soddisfare la sua identità di eroe.

Con il passare delle settimane, iniziò a essere meno coinvolto e il suo calendario era meno affollato. Condivise lo schermo con me e mi mostrò il suo programma settimanale. «Vedi tutte queste caselle verdi?» chiese. «Sono tutti dei nuovi blocchi di tempo libero». Le contammo. Aveva quattordici caselle verdi solo in quella settimana; prima, non ne aveva nessuna.

«Allora, dimmi» gli dissi, «cosa farai con tutte queste

nuove caselle?» Mi guardò e rispose «Beh, è proprio di questo che voglio parlare oggi.» Poi mi spiegò che trascorreva ancora molto tempo a controllare il suo personale, facendo micro-gestione, e non gli piaceva. Non gli sembrava giusto. Mentre parlavamo, si rese conto che continuava ad essere coinvolto perché sentiva la necessità di essere occupato e di riempire il suo tempo, cioè, riempire le caselle verdi, con vecchie abitudini.

Passare a un nuovo stile di leadership può essere difficile, ed era perfettamente normale che Sam sperimentasse questo tipo di difficoltà durante la "fase di transizione". William Bridges, autore di *Gestire le transizioni*, ha definito tre fasi per questo processo:

1. **Smettere, perdere e lasciare andare:** Questa prima fase è segnata da resistenza e sconvolgimento emotivo. A nessuno piace essere obbligato a fare qualcosa che è scomodo e suscita paura, negazione, rabbia e tristezza.

2. **La zona neutra:** Nella seconda fase, le persone sono spesso confuse, impazienti e incerte. Qui potrebbero sperimentare risentimento verso il cambiamento, scarsa produttività e demoralizzazione, ansia riguardo al loro ruolo e scetticismo. Questa fase può creare più lavoro perché le persone stanno ancora utilizzando il vecchio metodo mentre si muovono verso quello nuovo.

3. **Il nuovo inizio:** In quest'ultima fase, le persone sperimentano accettazione e un incremento di energia. Iniziano ad abbracciare i cambiamenti e hanno costruito le competenze necessarie a farlo. Ora, vedono più "vittorie", si aprono al nuovo e si sentono più impegnati nell'apprendimento.

Bridges spiega che ogni persona attraversa le diverse fasi al proprio ritmo. L'evoluzione avverrà più rapidamente se è un cambiamento in cui sono a proprio agio e più lentamente con transizioni più difficili.

Quando faccio coaching ai clienti e noto la loro ambivalenza verso il nuovo, uso un esercizio che li aiuta a considerare i rischi del cambiamento. Faccio una serie di domande del tipo «Cosa potrebbe succedere se/e quindi?» che li aiuta a cambiare il loro modo di pensare. Probabilmente conosci già questo approccio, perché lo utilizzi per valutare le opportunità e le alternative in fase di pianificazione. Se sei dubbioso sul cambiare il tuo stile di leadership, ti suggerisco di fare anche tu questo esercizio.

Ecco come è andata una sessione con Sam.

Quando descrisse quanto fosse controproducente dire sì a troppe richieste, gli chiesi: «Cosa succederebbe se dicessi di no?»

«Credo che non sarei più apprezzato per il mio lavoro» rispose.

Allora domandai: «E quindi cosa accadrebbe?»

«Beh, se non mi apprezzano, probabilmente non avrò più un lavoro.»

A questo punto, mi fermai e feci una pausa, poi chiesi: «Quanto è probabile che tu perda il lavoro?»

Lui mi guardò e sorrise. «La verità è che non accadrà affatto.» Riconosceva di essere irrazionale.

Quindi gli chiesi ancora: «Allora dimmi, cosa credi possa succedere se dici di no?»

Si appoggiò indietro sulla sedia, alzò le mani in aria e disse: «Sai una cosa, penso di essere io a resistere al cambiamento, e di avere paura di cose che non esistono.»

Sam e io stavamo arrivando al punto. Ora avevo bisogno di fargli le stesse domande ma al contrario, chiedergli cosa sarebbe successo comportandosi nel modo opposto. Così dissi: «OK, abbiamo appena esaminato le vecchie abitudini e capito come ti facevano agire. Ora vediamo cosa potrebbe succedere se adottassi un nuovo comportamento, allineato alla persona che vuoi essere e a quello che vuoi realizzare.»

Quando farai questo esercizio, prova a ragionare sulla prima risposta che ti viene in mente, anche se ti sembra ridicola. Se ben eseguita, questa tecnica ti aiuta a far emergere le tue illusioni, a quanto sei bloccato nel solito meccanismo, nel tuo Comma-22. Ti renderai conto che se non cambi e continui con il vecchio stile di leadership eroico, il tuo calendario rimarrà pieno, continuerai a sentirti esausto a fine giornata e servirai poco a te stesso e alla tua organizzazione.

Mentre proseguivamo con la nostra conversazione, chiesi anche a Sam: «Hai un problema di fiducia? È per questo che li controlli?» Lui rispose: «No, al contrario, perché ho cambiato il modo di rivolgermi a loro, sono più autonomi e fanno progressi senza il mio aiuto.»

«Quindi, cos'altro potrebbe essere?» domandai.

Ci pensò un attimo e poi disse: «Hmm, penso che sia perché ora non ho più scuse per non lavorare sulle strategie e sul mio vero ruolo.»

Esatto. Questa è una reazione molto comune, ed ero felice che Sam l'avesse scoperta. Una volta che elimini gli ostacoli che ti impediscono di fare ciò che ti viene davvero richiesto e per cui sei qualificato, devi affrontare la situazione e agire.

Per Sam, questo significava partecipare a riunioni con

l'alta direzione e poi collaborare con i colleghi e gli altri team per soddisfare le esigenze dell'azienda. Doveva uscire dalle erbacce e salire sulla balconata per ottenere una visione più ampia di ciò che lo attendeva.

Ora, per essere chiari, dire di no e stare sulla balconata non significa staccarsi dal tuo team. È ovvio che devi rimanere in contatto con la squadra e stare sul campo. In seguito, Sam imparò a prendere con sé i membri del team, uno alla volta, e portarli sulla balconata in modo che anche loro potessero avere una visione migliore dei piani aziendali. Offrire al tuo team l'accesso alle strategie è fondamentale perché li aiuta a capire quanto, per realizzarle, sia vitale il loro contributo. Più si rendono conto di come il loro lavoro contribuisce al quadro generale, più sono impegnati nella loro carriera e crescita personale. Supportarli in quello che fanno è la chiave del tuo ruolo di leadership.

Domande:
- Qual è la tua "caramella per il cervello", il tuo rifugio quando vuoi rilassarti?
- Passi più tempo tra le erbacce o sulla balconata?
- Cosa ti trascina verso il basso? Cosa ci vorrebbe per trascorrere più tempo sulla balconata?
- In quale modalità operi principalmente, reattiva o creativa? Perché?

Nel loro libro *Bilanciare la leadership*, Anderson e Adams hanno identificato dieci tendenze delle persone che lavorano in modalità reattiva o creativa. Come puoi vedere, c'è una notevole differenza tra i due stili e ti incoraggio a valutare onestamente quali caratteristiche si applicano a te.

Le dieci tendenze REATTIVE

- Stile di interazione non efficace
- Non è un giocatore di squadra
- Il team non è completamente maturo
- Troppo esigente
- Micro-gestisce
- La squadra non è responsabilizzata
- Ascoltatore modesto e distratto
- Troppo egocentrico
- Mancanza di controllo emotivo
- Impaziente

Le dieci tendenze CREATIVE

- Forti competenze nella gestione delle persone
- Visione
- Capacità di costruire un team coeso
- Personalità e disponibilità
- Guida attraverso l'esempio
- Appassionato e motivato
- Buon ascoltatore
- Sviluppa le persone
- Dà potere alle Persone
- Atteggiamento positivo

Capitolo 17

Pianifica la tua auto-trasformazione

W. Béran Wolfe, psichiatra australiano, riassumeva così la sua filosofia: «Se osservi un uomo veramente felice, lo troverai mentre costruisce una barca, scrive una sinfonia, educa suo figlio, coltiva dalie nel suo giardino, o cerca uova di dinosauro nel deserto del Gobi».

La ricerca sulla felicità ha dimostrato che le persone impegnate in qualcosa di personalmente significativo per loro – che sia sviluppare una nuova capacità, cambiare professione o crescere una famiglia – sono molto più felici di coloro che vivono la vita senza una visione o ambizione.

Quando trovi una persona felice, trovi anche un *progetto*.

La felicità non è solo un punto di arrivo o uno stato mentale da raggiungere è un processo.

Se ti chiedessi di riflettere sui traguardi di cui sei più orgoglioso, probabilmente scopriresti che è stato proprio il processo per raggiungerli a farti sentire vivo e coinvolto. Anche se hai incontrato alcuni ostacoli e hai dovuto mettere a punto il processo molte volte, quegli ostacoli facevano tutti parte di ciò che ti ha mantenuto motivato e concentrato sul tuo obiettivo.

Affrontare l'auto-trasformazione richiede un approccio simile. Dovrai essere flessibile, sapendo che incontrerai momenti difficili e che dovrai adattare il tuo percorso mentre rimani contemporaneamente coinvolto nel raggiungere i tuoi obiettivi.

Quindi, qual è il modo migliore per raggiungere l'auto-trasformazione? Come per tutti i progetti su cui hai lavorato in precedenza, avrai bisogno di un piano. Dovrai definire un metodo chiaro per raggiungere il tuo obiettivo.

In questo capitolo ti aiuterò a progettare un piano del genere. Ma prima di arrivare lì, riflettiamo su ciò che vuoi realizzare nella tua auto-trasformazione. Inizia a farti le seguenti domande:

- Quali sono i principali punti dolenti che stai attualmente sperimentando?
- Cosa ti dicono le persone sulle aree in cui hai bisogno di migliorare?
- Quali sono alcune sfide ricorrenti che incontri, relative agli argomenti che ho affrontato in questo libro?

Più sarai in grado di identificare questi punti chiave, più facile sarà creare un piano per l'auto-crescita. E, cosa più importante, con un piano aumenterai le tue possibilità di superare gli ostacoli e affrontare argomentazioni e preoccupazioni che potrebbero ostacolare i tuoi obiettivi. Senza un piano, non raggiungerai la tua destinazione.

Mi piace pianificare. L'ho fatto per anni sviluppando applicazioni e gestendo progetti. Anche quando viaggio, sebbene rimanga flessibile lungo il cammino, metto in conto eventuali problemi in modo che non mi impediscano di godermi il viaggio.

Per esempio, ho deciso di attraversare il Messico in moto da solo, alcuni anni fa. Prima di partire, ho condiviso i miei piani con amici e colleghi. Invariabilmente, dicevano cose come: «Sei pazzo! La gente viene uccisa, è troppo pericoloso» e «Non è sicuro viaggiare da solo in Messico, soprattutto in moto» e «Devi essere fuori di testa!»

Tutti sollevavano obiezioni e possibili situazioni spaventose; le sparatorie, i furti, i cartelli, le regioni pericolose, il pericolo di viaggiare da solo in moto. I loro commenti non mi erano indifferenti.

Alcuni dei miei amici cercavano di dissuadermi dal partire, ma avevo un piano dettagliato a cui attenermi. Avevo già trascorso ore a progettare l'itinerario, a mappare il percorso per evitare aree sospette e sapere dove rivolgermi per eventuali problemi con la moto.

Allo stesso modo, per la tua auto-trasformazione, avrai bisogno di una solida pianificazione in modo da poter rimanere fedele ai tuoi obiettivi, sapere come affrontare le sfide e trovare supporto quando necessario.

Alla maggior parte dei miei clienti, dopo aver terminato di rivedere il feedback a 360 gradi, chiedo di creare un piano per la loro crescita come leader. Devono definire gli obiettivi chiave che vogliono raggiungere, considerando il feedback ricevuto, il loro stile di leadership nel raggiungere i propri obiettivi e su quali punti specifici vogliono lavorare.

Il piano deve anche includere incontri con persone che saranno coinvolte nel processo; questo è necessario affinché i clienti si assumano la responsabilità e ricevano feedback mentre progrediscono. Un piano che prevede tutti questi elementi li manterrà concentrati lungo il cammino.

Ci sono due strumenti che si sono dimostrati estremamente utili nel gettare le basi per questo processo: il *Piano d'azione per lo sviluppo* (Development Action Plan – DAP) e il *Quadrante di motivazione e trasformazione* (Motivation and Transformation Quadrant – MTQ). Entrambi i modelli fanno parte di un quaderno di lavoro che puoi trovare sul mio sito web www.giannicola.com.

Piano d'azione per lo sviluppo (DAP)

Il DAP affronta quattro punti:

1. Punti di forza e valori del tuo carattere. Come ti descrivono le persone? Quali sono le prime parole che usano? Quali sono i tuoi punti di forza e debolezza? Come suggerito in precedenza, puoi chiedere direttamente ad amici e colleghi, utilizzare un sito web che aiuti a identificare i punti di forza del carattere oppure esplorare da solo i tuoi punti di forza e valori.

È essenziale inserire nel piano punti di forza e valori

del carattere, perché non vogliamo concentrarci solo sulle aree che necessitano di miglioramento. Includi dunque le qualità che ti rendono ciò che sei e che rappresentano al meglio il tuo "stile". I tuoi punti di forza sono gli strumenti più importanti per aiutarti a migliorare. Per esempio, se sei descritto come una persona con grinta, lealtà, intelligenza e spirito imprenditoriale, queste sono caratteristiche che puoi sfruttare per raggiungere i tuoi obiettivi e affrontare i tuoi punti deboli.

2. Come ti comporti quando sei ai minimi e ai massimi? Come ti comporti quando sei sotto stress? Quando sei provocato? Quando funzioni a basso regime (ad esempio, quando dai il peggio di te, non segui i tuoi valori, hai una brutta giornata)? Al contrario, come ti comporti quando ti esprimi al massimo livello (ad esempio, altamente coinvolto, entusiasta, motivato)? Come reagiscono le persone ai tuoi comportamenti?

Rifletti anche su cosa ti demoralizza rispetto a cosa ti dà energia per essere più efficiente, motivato e coinvolto. Comprendere i tuoi alti e bassi è importante in quanto ti aiuterà a prevedere le tue risposte e meglio indirizzare il tuo comportamento.

3. Scegli al massimo tre obiettivi principali! Quando sviluppi il piano per un progetto, non inserisci troppi obiettivi nella stessa proposta. Allo stesso modo, inizia con il lavoro di base, poi aggiungi componenti e costruisci sezione per sezione. Devi suddividere le aree che vuoi sviluppare, creare dei traguardi e non affogare in troppi dettagli della tua auto-trasformazione. Una moltitudine di obiettivi renderà il tuo piano irrealizzabile e ti porterà al fallimento.

Chiedo ai miei clienti di selezionare i tre obiettivi principali su cui vogliono concentrarsi, non più di tre. Dovranno definirli come Obiettivo 1, Obiettivo 2 e Obiettivo 3.

Ogni obiettivo dovrà includere:
1. Cosa hai in programma di cambiare
2. Come pensi di fare questo cambiamento
3. Cosa dovrebbero osservare gli altri in te come risultato del raggiungimento del tuo obiettivo
4. Cosa vuoi sperimentare personalmente come risultato di questo cambiamento

Inoltre, chiedo loro di prevedere un *Proposito finale*. Si tratta dell'esito complessivo dei loro sforzi. Ad esempio, se il loro Obiettivo 1 è diventare un comunicatore migliore, il proposito potrebbe essere di riuscire a spingere i collaboratori a sentirsi più responsabilizzati e gestire più lavoro in modo indipendente, il che a sua volta darà loro più tempo per pianificare strategie.

Il Proposito finale potrebbe essere una maggiore produttività, più vendite e/o una riduzione delle spese per l'organizzazione. Facendo comprendere a tutti come la tua trasformazione supporterà il Proposito finale in termini di entrate, produttività, innovazione, ecc., e i benefici per la tua organizzazione, troverai ulteriori elementi di motivazione e supporto per il tuo percorso.

4. Supporto e partner nella responsabilità. Dovrai pensare a quale tipo di supporto prevedi di includere nella tua trasformazione. Ecco cosa suggerisco:

- **Ottieni feedback**: Consultati con colleghi, collaboratori, familiari, amici , chiunque possa darti un feedback sul tuo stile interpersonale, dicendoti cosa stai facendo bene e cosa potrebbe ancora migliorare.
- **Chiedi a un mentore**: Trova una persona che sia già brava nelle competenze che vuoi migliorare. Non deve essere la stessa persona per ogni obiettivo. Pensa a qualcuno che già ammiri per come usa queste abilità. Parla con lui o lei. Chiedi se può supportarti.
- **Lavora con un coach**: Se la tua organizzazione offre servizi di coaching, sfrutta l'opportunità. Un coach professionista certificato può aiutarti a fare progressi e riflettere su cosa è importante per te cambiare.
- **Iscriviti a un seminario**: Ci sono molti programmi a cui puoi partecipare, di persona o online, offerti gratuitamente dalla tua azienda. Approfittane, in particolare se sono dal vivo e ti permettono di fare simulazioni ed esercitarti con altri partecipanti.
- **Fai esercizio sul posto di lavoro**: Fai organizzare da un facilitatore/consulente un esercizio di gruppo con tutti i tuoi collaboratori per comprendere e condividere quali comportamenti migliorare, le aspettative e le azioni. Inoltre, implementa e mettiti alla prova con le capacità che vuoi migliorare utilizzandole nelle riunioni, colloqui individuali, facilitazione di gruppi di lavoro, ecc.

- **Mantieni un diario della consapevolezza**: Fai veri-fiche giornaliere o settimanali per rivedere i tuoi progressi. Rifletti sulla giornata trascorsa e pensa ai momenti in cui hai fatto bene o avresti potuto fare meglio. Senza giudicare o essere duro con te stesso, osserva e impegnati a migliorare.

Come avrai notato, la struttura di un DAP per l'auto-trasformazione è in qualche modo simile a un piano per un progetto tecnico. Il contenuto è diverso, ma include traguardi, riunioni, consultazioni con fornitori esterni e verifiche settimanali per misurare i progressi del tuo lavoro.

Infine, il DAP funzionerà meglio se ti sentirai a tuo agio a condividerlo. Non è necessario fornire alle persone tutti i dettagli; di solito è sufficiente un riassunto del tuo DAP. Fai sapere che stai cercando di migliorare determinate capacità e apprezzeresti il loro supporto e feedback.

Ho fatto coaching a clienti che erano riluttanti a condividere i loro piani con i colleghi perché credevano di essere giudicati o di apparire deboli. La verità è che, se ti senti così, potresti voler includere nel tuo piano la costruzione della fiducia e la comprensione della vulnerabilità e dell'autenticità.

Non ho ancora incontrato nessuno che non abbia beneficiato dalla condivisione di un piano. Condividendo, le persone di solito ricevono incoraggiamento, i colleghi a loro volta condividono le proprie sfide e, di conseguenza, si creano connessioni ancora più forti. Cercare feedback può essere semplice come chiedere a un collega di commentare come hai affrontato una situazione o come hai parlato o presentato un argomento. Più trasparenza hai mentre lavori al tuo DAP, più forti saranno le connessioni e più supportato sarai nel raggiungere i tuoi obiettivi.

Quando ho pianificato il mio viaggio in Messico, ero motivato a progettarlo seguendo la mia visione e il mio desiderio di vivere qualcosa di meraviglioso. Allo stesso modo, la motivazione dietro a ciò che vuoi raggiungere nella tua auto-trasformazione deve essere unicamente tua.

Perché dico questo? Ho lavorato con clienti che hanno iniziato a mettere insieme un Piano d'azione per lo sviluppo solo per rispondere a ciò che gli altri chiedevano loro di migliorare. Ma concentrarsi solo sul feedback esterno trascura un elemento cruciale: ciò che tu, intrinsecamente, sei motivato a sviluppare per te stesso. Quindi prenditi il tempo per riflettere sulla tua visione; altrimenti, sarebbe come pianificare un viaggio che fai solo per soddisfare i tuoi amici. Chi sta andando a fare questo viaggio, tu o i tuoi amici?

Quadrante di motivazione e trasformazione (MTQ)

Per riflettere e comprendere meglio le tue motivazioni al successo, devi creare un MTQ.

Questo quadrante ti chiede di riflettere su quattro punti: te stesso; la tua attività o carriera; i tuoi clienti o beneficiari; e il mondo e la tua comunità. Prendi un grande foglio di carta e scrivi questi quattro titoli in cima a ciascun quadrante. Poi, prenditi del tempo per riflettere e scrivi un elenco puntato in ogni casella riguardo al tipo di trasformazione che vuoi sperimentare. Rispondi a ciascuna delle seguenti domande:

1. **Te stesso:** Quale trasformazione desideri per te stesso come risultato del raggiungimento dei tuoi obiettivi?

2. **La tua attività o carriera**: Quale trasformazione desideri per la tua attività o carriera come risultato del raggiungimento dei tuoi obiettivi?

3. **I tuoi clienti o beneficiari:** Quale trasformazione desideri che i tuoi colleghi, clienti o le persone che ricevono i tuoi servizi sperimentino come risultato della collaborazione con te nel raggiungimento dei tuoi obiettivi?

4. **Il mondo e la tua comunità:** Quale trasformazione desideri che il tuo obiettivo o ciò che fornisci ispirino o cambino nel mondo e nella comunità?

È meglio se lavori su questo quadrante con carta e penna invece che in forma digitale. Molti studi suggeriscono che ci sono vantaggi per la creatività e il ragionamento nello scrivere a mano.

Mentre rispondi a queste domande, raggiungerai maggiore chiarezza sul tuo scopo e trasformazione personale. È questo Quadrante di motivazione e trasformazione, in aggiunta al tuo Piano d'Azione di sviluppo, che ti manterranno sulla giusta via.

Bene, adesso sei bello carico e pronto a lavorare sul tuo piano, ma come saprai se stai facendo progressi? Questa è spesso una domanda difficile, perché competenze *soft* come la comunicazione, l'ascolto, il coaching e l'empatia sono alquanto intangibili.

Ma ecco un paio di modi in cui i miei clienti hanno saputo che erano sulla buona strada con i loro piani:

1. Le persone te lo dicono senza dirtelo. Noterai che le persone intorno a te diventano più vicine e più relazionabili. Inizieranno a farti domande. Condivideranno di più e ti chiederanno di essere coinvolto in progetti o riunioni da cui eri escluso prima.

Principalmente, vedrai un cambiamento positivo esterno nel modo in cui le persone interagiscono con te. La fiducia all'interno del tuo team migliorerà e, a causa di ciò, noterai più collaborazione. Nel complesso, il rapporto che hai con tutti migliorerà.

2. Non ti comporterai più nello stesso modo. Noterai di sentirti più centrato e meno frastornato dagli eventi esterni. Ti sentirai più emotivamente connesso con le persone e saprai come rimanere equilibrato e concentrato.

Ti preoccuperai meno e ti sentirai più imprenditoriale. Risponderai alle richieste con più ottimismo e sarai più fiducioso riguardo ai risultati futuri. Riuscirai a relazionarti più facilmente con gli altri, sentire più empatia e connetterti con loro più genuinamente.

Sarai "nel flusso delle cose" – "in flow" come si esprime Steven Kotler – e capirai dove ti senti e rendi al meglio. Il tuo senso del sé scomparirà, e sarai in movimento con tutti e tutto, aumentando le prestazioni e i risultati.

Ora che sai dell'importanza di creare un DAP e un MTQ, vorrei che sapessi che tutto questo non sarà sempre facile. Come ogni impresa, spesso c'è molto entusiasmo all'inizio, ma, col tempo, compaiono degli ostacoli e il nostro entusiasmo diminuisce. Quindi devi sapere come superare i tuoi dubbi e prepararti alla fatica.

Ho vissuto momenti di dubbio frequentemente. Dopo aver pianificato il viaggio in Messico per diversi mesi, il giorno della partenza mi sono svegliato con un peso nello stomaco. Ero pazzo a fare questo viaggio? E se i miei amici avessero avuto ragione sui pericoli? Non volevo soffermarmi su questi pensieri, quindi mi sono alzato e ho messo da parte le mie preoccupazioni. Alle nove del mattino, ho salutato mia figlia, sono salito sulla moto e sono uscito dal vialetto di casa, dirigendomi verso sud.

Il secondo giorno, ho attraversato il confine e sono arrivato a Puerto Peñasco, come previsto. Dopo aver effettuato il check-in all'hotel, sono uscito a cena. Ho passeggiato lungo l'oceano. Il sole stava tramontando ed era un po' ventoso. Un gruppo di adolescenti sedeva su un muro vicino alla spiaggia; li sentivo ridere. I gabbiani galleggiavano all'orizzonte. Stavo guardando il sole scomparire nell'oceano, in piedi da solo, le mani in tasca, sotto un cielo rosso. Avrebbe potuto essere un momento perfetto, bello e sereno. Eccetto che non lo era. Invece, fu un pugno allo stomaco: «Cosa diavolo sto facendo qui? Cosa sto cercando di dimostrare a me stesso? Tutto questo è assurdo!»

Stavo mettendo in discussione l'intero viaggio e pensavo di annullare tutto e di tornare indietro. Posso tornare a casa domani, ho pensato. Perché lo sto facendo?

Poi sono rimasto in silenzio. Sapevo che il Mostro Verde cercava di prendere il sopravvento. Per provare a calmarmi, sono tornato in città, mi sono fermato in un ristorante locale e ho ordinato una birra e alcuni tacos. Circa trenta minuti dopo, ho visto un motociclista fermarsi dall'altra parte della strada. È entrato in un ristorante di fronte e si è seduto. L'ho visto preparare il suo smartphone su un treppiede di fronte a sé. Ha premuto un pulsante e ha iniziato a parlare. Probabilmente uno di quei video blogger che viaggiano per il mondo con un canale YouTube, ho pensato. Ho pagato il conto, sono andato dall'altra parte della strada e ho iniziato a parlare con il ragazzo. Avevo ragione, era un video blogger spagnolo che viaggiava da solo da oltre dieci anni. «Non ho nemmeno più una casa» mi ha detto. Ha condiviso la sua esperienza e in seguito l'ho trovato su Internet. La nostra conversazione ha immediatamente ripristinato il mio entusiasmo per il viaggio. Avevo viaggiato da solo molte volte prima, e mi sono ricordato quanta ricchezza possa infondere. Il giorno successivo, mi sono svegliato eccitato all'idea di tornare in strada, e ho continuato il mio viaggio più a sud. Le preoccupazioni hanno continuato a sorgere occasionalmente, ma ogni volta ho fatto uno sforzo cosciente per riconoscere il Mostro Verde e lasciare che passasse.

La strategia ha funzionato. Alla fine della prima settimana, la maggior parte delle preoccupazioni erano alle spalle e la bellezza del Messico mi si stendeva davanti per essere esplorata.

Senza dubbio, passerai molti momenti come il mio. Quando si presentano, devi attingere alla tua mentalità di crescita. L'auto-trasformazione è un'impresa audace, ma non è irraggiungibile. Prendi nota dei piccoli progressi e celebra le tue vittorie. Mentre procedi, abbraccia i cambiamenti come elementi del tuo sviluppo.

E quando hai dubbi e il Mostro Verde arriva, parla di questi ostacoli così puoi metterli da parte e creare spazio per qualcos'altro che ti aiuti. Sarai sorpreso dal supporto che ti si presenterà. Sii paziente e abbi fede.

La seconda insidia di cui essere preparato è la fatica (cioè, blocchi mentali o esaurimento).

Vuoi sapere quante volte mi sono imbattuto in blocchi mentali e fatica mentre scrivevo questo libro? Non farmi iniziare. Questo è il mio primo libro, e sì, mi sono lanciato in questo sforzo iniziando con un Piano d'azione per lo sviluppo e un Quadrante di motivazione e trasformazione. Ho anche creato una mappa mentale di tutti gli argomenti di cui volevo scrivere. Nello stesso modo in cui affronto la maggior parte dei miei progetti, sono stato impegnato a pieno regime per i primi mesi e ho prodotto un mucchio di materiale.

Ma poi sono arrivate le revisioni, la ristrutturazione, più idee da implementare e altre revisioni. Ero sopraffatto da quanti aspetti della scrittura di un libro dovevo considerare. Ho iniziato a procrastinare e a sperimentare la fatica mentale, il che si è trasformato in mancanza di slancio. È allora che ho capito che dovevo prendere una pausa. Stavo diventando un ostacolo al mio libro e ho persino iniziato a dimenticare perché mai lo stessi scrivendo.

Il primo e probabilmente più cruciale passo è stato capire cosa mi stava succedendo: ero esausto e bloccato. Il secondo passo è stato prendermi una pausa. Ho iniziato a fare pause brevi e frequenti per aiutare a concentrarmi su qualcosa di diverso dallo sforzo mentale di lavorare a stretto contatto con un testo. Questo ha richiesto di rientrare nel mio corpo e fare cose fisiche come giardinaggio, escursioni, esercizio fisico o riparazioni in casa: lavoro manuale, insomma. Questa fase mi ha elargito brevi periodi di sollievo dalla fatica mentale spostandomi verso attività più cinestetiche.

Ho anche iniziato a prendermi delle pause più lunghe. Sono andato a fare delle brevi vacanze di tre o quattro giorni. Ho lasciato tutto il lavoro alle spalle e ho goduto del mio tempo libero. Sono andato in campeggio nella natura selvaggia e ho fatto alcuni viaggi in moto. Lo scopo era quello di alleggerire la concentrazione intensa e permettere che la creatività venisse ripristinata. Quando lo fai, ha luogo una naturale rinascita, e senti che la tua mente è più fresca, piena di nuove idee.

Infine, mi sono ricordato dello scopo che avevo nello scrivere questo libro. Ho rivisitato i punti del Quadrante di motivazione e trasformazione e l'impatto che mi aspettavo da questa attività. Avevo bisogno di riconnettermi con il mio scopo.

Allo stesso modo, ricorda a te stesso *perché* stai lavorando sulla auto-trasformazione e cosa speri che ti accada una volta raggiunti i tuoi obiettivi.

È fondamentale che sappiamo come resettare e ricaricarci. Puoi sperimentare i fattori che hanno funzionato per me, ma assicurati di costruire la tua cassetta degli attrezzi per superare dubbi e fatica durante l'auto-trasformazione.

La scienza spiega che solo l'8% delle persone raggiunge i propri obiettivi. La ragione per cui queste persone hanno successo, secondo le ricerche, è che praticano e seguono alcuni elementi chiave:
- Iniziare avendo in mente la conclusione
- Costruire un sistema di supporto
- Stabilire obiettivi specifici e sfidanti (ma non troppo difficili)
- Rimanere appassionati e impegnati fino alla fine
- Ottenere feedback
- Evitare il multitasking

A quella lista, aggiungerei, "Divertirsi". Ho fatto l'errore di essere troppo rigido con me stesso, senza aggiungere esperienze divertenti e gratificanti al mio piano. Raccomando di lasciar perdere la rigidità e permettersi un po' di spazio per respirare e fare errori.

Tre settimane dopo l'inizio del viaggio in moto attraverso il Messico, stavo guidando verso nord da Zihuatanejo a Manzanillo. Un'ora dopo aver cominciato quella tappa, sono stato colto di sorpresa da un temporale. In pochi minuti, ero completamente fradicio. Ho deciso di fermarmi e rifugiarmi sotto il grande tendone di un negozio di alimentari.

Il proprietario del negozio, un uomo di nome Miguel, stava seduto fuori. Quando mi ha visto, ha preso un'altra sedia e mi ha invitato a sedermi. Nell'ora trascorsa in attesa che il temporale passasse, abbiamo parlato della vita e degli affari. Ho conosciuto i suoi figli e il suo negozio. Miguel era curioso, premuroso e caloroso.

Ha insistito per mandarmi via con alcune empanadas fatte da sua moglie. Poi sono partito e ho continuato a guidare verso nord lungo la bellissima strada costiera. L'aria era umida per la tempesta, e mentre usciva il sole, sentivo l'odore della giungla che si estendeva lungo un lato della strada, e quello dell'oceano blu dall'altro. Ho guidato per quella strada sinuosa ascoltando musica dolce attraverso gli altoparlanti del casco.

E poi è successo qualcosa: i miei occhi si sono riempiti di lacrime, e all'improvviso sono stato sopraffatto dalla gioia. Tutto era semplicemente perfetto: la strada, la musica, Miguel, il tempo, tutti si mescolavano insieme per offrirmi uno dei giorni più memorabili del mio viaggio.

Il mio piano era diventato realtà.

A volte ti chiederai perché hai intrapreso questo viaggio di auto-trasformazione e forse, a volte, vorrai gettare la spugna. Non arrenderti; continua a guardare la tua mappa. Le lotte e le difficoltà sono parte del viaggio e, passo dopo passo, ti renderai conto che ne è valsa la pena.

E adesso, vai a creare il tuo piano!

Domande:
- Quali sono i punti che conosci di te stesso e che devono essere affrontati?
- Hai un piano per la tua vita e carriera? Cosa c'è dentro?
- Cosa ti terrà sulla giusta strada? Cosa scriveresti nel tuo Quadrante di motivazione e trasformazione che ti mantenga concentrato sul tuo compito?

Capitolo 18

Tra il cappuccino e il martello

«Una nave in porto è al sicuro, ma non è per quello che le navi sono state costruite.» – *John Augustus Shedd*

Facciamo così tante cose nella nostra vita, alcune facili e banali, altre difficili e apparentemente irraggiungibili. Ma qualsiasi cosa facciamo, qualsiasi cosa immaginiamo o pianifichiamo o ci accingiamo a fare, dobbiamo sempre fare un passo avanti. E ogni passo, che sia piccolo oppure grande, richiede comunque un elemento chiave: l'autogestione. Se siamo incapaci di autogestirci, siamo alla mercé di coloro che ci modellano; non siamo gli autori della nostra storia, ma solo attori nel copione di qualcun altro. L'autogestione, al contrario, richiede una posizione attiva. Richiede che comprendiamo noi stessi, che possiamo influenzare intenzionalmente le nostre credenze ed emozioni e che possiamo poi prendere le azioni appropriate per realizzare i nostri obiettivi. L'autogestione è il cuore pulsante della mentalità di crescita.

Circa tre anni dopo aver comprato la mia prima casa, ero in piedi vicino alla porta del bagno, con un cappuccino in mano. Davanti a me c'erano un mobile-lavabo color legno degli anni '70, piastrelle del pavimento grigie scheggiate e la cabina doccia che sembrava una bara in piedi con la porta in vetro cigolante e il soffione arrugginito. Quella scena deprimente mi faceva rabbrividire. Valutavo se tornare in cucina a finire il mio caffè o iniziare una ristrutturazione che sapevo avrebbe richiesto molto tempo ed energia.

Quel giorno decisi che, se non altro, potevo sostituire il soffione della doccia. Dovrebbe essere un lavoro facile e veloce, pensai, e mi farà sentire un po' meglio riguardo a questo brutto bagno. Piccoli passi alla volta alla fine ti portano dove vuoi, giusto?

Posai la tazza sul mobile, mi infilai nella "bara" e alzai la mano per svitare il soffione. Era bloccato per bene. Il lavoro era troppo duro per farlo a mano. Mi trascinai in garage e presi un paio di pinze.

Mentre tornavo indietro, mi venne in mente che se la tubatura dentro al muro era vecchia, poteva essere arrugginita e bloccata all'attacco del soffione. In tal caso, avrei dovuto usare due pinze per fare il lavoro: una per tenere fermo il soffione, l'altra per l'attacco. Altrimenti avrei spaccato il tubo dentro al muro.

Ma il cappuccino si stava raffreddando, così pensai di

rischiare usando solo una pinza. Mi infilai nella cabina doccia, strinsi il tubo e girai.

Sentii un rumore inequivocabile di rottura.

«Porca miseria!» imprecai (insieme ad altre espressioni italiane che qui non riferirò). Ora avrei dovuto rompere le piastrelle per valutare il danno. Così presi un martello e iniziai a battere sulle quattro piastrelle di ceramica intorno all'attacco. Guardando dentro il buco, vidi che non solo il tubo era spaccato, ma c'erano anche dei perni marci bagnati intorno al tubo di rame.

Buon Dio! Avevo aperto il vaso di Pandora (o, nel mio caso, la porta cigolante della "bara"). Ora avrei dovuto iniziare a ristrutturare il bagno. Avrei potuto usare due paia di pinze fin dall'inizio? Certo che sì. Chi non l'avrebbe fatto? Ma ciò che avrei voluto maggiormente era non avere aspettato così tanto a farlo.

Quella mattina avevo avuto la possibilità di scegliere. Avrei potuto continuare a sorseggiare il mio cappuccino e ignorare quell'orribile bagno, o affrontare qualcosa che mi infastidiva da un po'. Sai cosa si prova, giusto?

Tutti lo facciamo: le scatole nell'angolo della stanza, il mucchio di documenti sulla scrivania, gli "avrei dovuto" dell'esercizio fisico e del mangiare meglio, il corso che vuoi seguire, il problema che deve essere affrontato e una moltitudine di compiti che richiedono la tua attenzione, ma continuano a essere posticipati, come se potessero misteriosamente scomparire o in qualche modo diventare più facili.

Ma questi fastidi non spariranno da soli. L'autogestione è necessaria per lavorare sui compiti piccoli e banali, come il mio bagno o il tuo mucchio di roba, ma anche su cambiamenti e scelte di vita più significativi, come carriera, relazioni e realizzazione personale. È semplice ed è ovvio: se non ti alleni con le piccole cose (i tuoi metaforici soffioni), come affronterai i grandi compiti e le sfide? Il modo in cui fai qualsiasi cosa è il modo in cui fai tutte le cose. Dimostrare un'autogestione volontaria e cosciente nelle piccole cose ci prepara per sfide più grandi. Inutile dire che avrei potuto risparmiarmi molto lavoro se avessi agito prima sui problemi del mio bagno. Ma, almeno, adesso ero pronto ad affrontare la sfida. Infatti, ero persino un po' eccitato. Finalmente, potevo creare lo spazio che avevo sempre desiderato. Non avrei solo sostituito ciò che era rotto, avrei usato l'opportunità per ridisegnare tutto e realizzare la mia visione. Sarebbe stato divertente!

La maggior parte delle migliori menti con cui ho lavorato sono il tipo di persone che guardano a una sfida con un senso di impazienza. Con le loro menti imprenditoriali, vedono tutto come un'opportunità. Non pensano solo a fare "limonata dai limoni", ma si godono l'inatteso, poiché fa spazio al provare qualcosa di nuovo. Il disagio non è un ostacolo ma un'apertura. Non si tirano indietro dal rimescolare le carte, lo apprezzano. L'auto-trasformazione richiede non solo autogestione e una mentalità di crescita; richiede anche la capacità e la volontà di divertirsi nel farlo.

Per raggiungere i tuoi obiettivi, avrai bisogno del supporto di persone che possano onestamente ritenerti responsabile del tuo comportamento. Sono fortunato ad avere amici e familiari che non si trattengono dal farmi sapere quando non sono stato all'altezza delle mie speranze. I miei migliori amici sono migliori amici perché mi sgridano per le mie cazzate e mi rimettono in riga. Questa franchezza non è mai dannosa per il nostro rapporto; al contrario, lo rinforza. La schiettezza e l'onestà sono necessarie per rimanere coinvolti e raggiungere l'auto-trasformazione.

Infine, e forse più importantemente, non affrontare la cosa con pigrizia o freddezza. Troppo spesso ci sabotiamo non impegnandoci completamente in un compito che è alla nostra portata. Cercare di sistemare un bagno con un martello in una mano e un cappuccino nell'altra non funzionerà. Semplicemente non lo farà. Quante volte ci inventiamo la scusa che non è il momento giusto? E spesso lo facciamo sapendo benissimo che ulteriore procrastinazione porterà solo a più marciume e ruggine all'interno dei muri. Quando si tratta della nostra crescita personale e trasformazione, abbiamo bisogno di un impegno compatto, piena attenzione ed entrambe le mani.

Il mondo intorno a te riflette il mondo dentro di te. Ciò che pensi e credi è ciò che sperimenti. Pertanto, per sperimentare qualcosa di diverso, devi essere disposto, addirittura impaziente, di lasciar perdere le vecchie abitudini ed esplorare nuovi comportamenti. Seguire lo stesso percorso porterà alla stessa destinazione. Abbracciare l'ignoto potrebbe significare rompere il tubo, distruggere alcune piastrelle ed incontrare cose scomode, e potrebbe indurre una serie di imprecazioni. Come possiamo anche solo pensare di trasformare il mondo intorno a noi senza essere trasformati noi stessi?

Quindi lascia che te lo chieda di nuovo: morirai con la musica ancora dentro di te? O sei pronto a prendere un martello e iniziare a rompere le piastrelle?

Capitolo 19

Gioca il tutto
per il tutto

Dicono che prima di entrare in mare
Il fiume trema di paura.

A guardare indietro
tutto il cammino che ha percorso,
i vortici, le montagne,
il lungo e tortuoso cammino
che ha aperto attraverso giungle e villaggi.

E vede di fronte a sé un oceano così grande
che a entrare in lui può solo sparire per sempre.

Ma non c'è altro modo.
Il fiume non può tornare indietro.

Nessuno può tornare indietro.
Tornare indietro è impossibile nell'esistenza.

Il fiume deve accettare la sua natura
ed entrare nell'oceano.
Solo entrando nell'oceano
la paura diminuirà,
perché solo allora il fiume saprà
che non si tratta di scomparire nell'oceano,
ma di diventare oceano.

Khalil Gibran, "Il fiume e l'oceano"

Sono passati più di due decenni da quel giorno in cui sfilavo per Montgomery Street indossando la mia vistosa giacca a riquadri blu e gialli. Quando ripenso a quei momenti imbarazzanti e sudati all'inizio della mia carriera, posso solo scuotere la testa. Che gran bel personaggio che ero!

Quindi, chi è diventato quel ragazzo socialmente imbranato?

Beh, per prima cosa, la mia fame di crescita personale mi ha spinto a leggere molto su tutti gli argomenti legati alla crescita personale e all'intelligenza emotiva. Ma quello è stato facile.

In secondo luogo, ho ottenuto ciò che desideravo. L'universo ha continuato a lanciarmi delle sfide, e così ho potuto mettere in pratica tutto quello che avevo imparato. E ha funzionato. Ora posso dire, con umiltà ma con fiducia, che la mia vita è molto più "nel flusso delle cose". Non sono più difensivo e protettivo come quel grosso toro arrabbiato che ero. Percepisco con maggiore chiarezza ciò che accade dentro di me, e riesco a prevedere meglio le mie reazioni così come quelle degli altri. È molto più facile per me connettermi e interagire con le persone, poiché le comprendo con empatia. E quando sono a disagio, noto le mie emozioni e i sottili cambiamenti in me. Nel complesso, mi sento più equilibrato e meno preoccupato per le incertezze. Me la cavo bene in situazioni socialmente diverse e sono a mio agio nell'esercitare influenza e creare uno spazio che inviti alla conversazione. In breve, la vita è diventata più piacevole, più fluida e più libera.

Non fraintendetemi: emozioni come rabbia, delusione, dubbio e difesa continuano ad apparire (così come le occasionali sfilze di imprecazioni in italiano). Ma gestisco queste emozioni con molto meno stress, e mi ricompongo molto più velocemente.

Hai mai pensato a cosa diresti al tuo io più giovane se potessi tornare indietro nel tempo?

Se io potessi, direi un paio di cose a quel ragazzo testardo che sono stato. Per prima cosa, gli suggerirei di riconsiderare il suo guardaroba, farsi un taglio di capelli e aggiustare il suo atteggiamento presuntuoso. Poi, gli darei un grande abbraccio. Con una mano sulla spalla, gli direi di non preoccuparsi così tanto, di rilassarsi, e lo rassicurerei che tutto andrà bene. Gli direi anche che incontrerà persone difficili, situazioni e sfide nella sua vita da cui potrà imparare e crescere, specialmente se manterrà una mentalità aperta.

L'inverno passerà, gli direi, e verrà la primavera; succede

sempre. Divertiti di più, goditi la vita e prenditi il tempo per notare e apprezzare il mondo con gratitudine.

Infine, chiederei al mio io più giovane di leggere questo libro.

Ovviamente, non siamo in Star Trek e non posso tornare indietro nel tempo. Inoltre, se il mio io più giovane avesse letto questo libro, sperabilmente non avrebbe commesso gli stessi errori, e quindi questo libro non sarebbe stato scritto. Ma il mio punto è questo: vorrei aver incontrato prima nella mia vita qualcuno che mi guidasse nell'apprendere tutti gli elementi di questo libro. Credo che avrebbe reso la mia vita non solo più facile, ma anche più ricca e più gioiosa.

Non possiamo guardare indietro e cambiare ciò che abbiamo attraversato, ma possiamo decidere chi vogliamo essere e come vogliamo andare avanti da questo momento in poi. Non è mai troppo tardi per diventare ciò che avremmo potuto essere.

E come il fiume che scorre nella vastità dell'oceano, non raggiungeremo mai una destinazione finale. Non c'è un momento in cui potremo dire: «Ecco, ho finito, penso di essere cresciuto abbastanza.» Questo viaggio è un processo in corso. Come il fiume che diventa l'oceano, diventeremo solo più liberi e più espansivi.

Quindi, per favore, ti chiedo di fare proprio questo: giocati il tutto per tutto. Continua ad andare avanti, continua a crescere. Lo devi al mondo e alle persone intorno a te.

Lo meriti per te stesso.

Esempi di conversazioni di coaching

Nel primo dialogo, interpreto un manager che comunica in modo diretto e lineare. Nel secondo dialogo, ti mostrerò come un manager possa utilizzare il modello di coaching per coinvolgere e ispirare.

PRIMO ESEMPIO:
Diretto e orientato alla soluzione

Manager: Ciao, Isabelle. Come procede lo sviluppo dell'applicazione?

Isabelle: Beh, sto ancora risolvendo alcuni errori nel codice. Qualcosa non va.

Manager: OK, continua così e cerchiamo di chiudere entro la fine del mese.

Isabelle: OK, farò del mio meglio.

Se hai lavorato con persone che hanno uno stile di gestione diretto, probabilmente hai partecipato a una conversazione simile a questa. Quando Isabelle ha risposto: «OK, farò del mio meglio» non ha dato molta prospettiva sulla situazione, e il manager non ha fatto domande per capire cosa stesse dietro ai ritardi.

Dando solo direttive e dicendo alle persone cosa fare, limitiamo la loro capacità di diventare autonomi e risolvere problemi futuri, il che li renderà dipendenti dai manager e sarà improbabile che prendano l'iniziativa.

Ora vediamo come sarebbe andata la conversazione se avessimo implementato il modello. Tenete a mente che idealmente vogliamo toccare tutti e cinque gli elementi chiave del modello di coaching. Per chiarire quando e come questi elementi vengono affrontati nella conversazione, li ho annotati tra parentesi accanto al dialogo. Preferibilmente, dovresti utilizzarli tutti e cinque nell'ordine. Inizia con la comprensione dello **scopo**, poi passa alle **circostanze**, fornisci **riconoscimento** se necessario e poi aiuta a sviluppare **opportunità** per risolvere problemi o raggiungere obiettivi, fino a quando infine guidi il tuo allievo a prendersi la **responsabilità** della situazione. Ti raccomando di affrontare solo un argomento (problema o obiettivo) alla volta. Se, all'inizio della conversazione (nella fase dello scopo), ti accorgi che ci sono diversi temi, cerca di farlo concentrare su un solo argomento dicendo:

«Sembra che tu abbia diversi punti di cui discutere. Con quale ti piacerebbe iniziare?» Poi torna ad affrontare gli altri temi, indirizzandoli uno dopo l'altro con il modello di coaching.

Manager: Ciao, Isabelle. Come procede lo sviluppo delle applicazioni? (Scopo)

Isabelle: Beh, sto ancora risolvendo alcuni errori nel codice. Qualcosa non va.

Manager: Spiegami. Come mai ci sono questi problemi? (Circostanze)

Isabelle: Beh, ho scoperto che alcune parti del codice con cui ho lavorato sono state adattate per funzionare solo con l'applicazione precedente.

Manager: Capisco, e questo come impatta il tuo lavoro? (Circostanze)

Isabelle: Al momento sto faticando, perché in media ogni errore mi porta via circa due ore per essere risolto. Alcuni sono più veloci di altri, ma sento la pressione e i ritardi si stanno accumulando.

Manager: Beh, è comprensibile. Hai una scadenza e tutti questi errori possono influenzare il tuo piano. (Riconoscimento) Secondo te, quale sarebbe il modo migliore per rispettare la scadenza? (Opportunità)

Isabelle: Grazie, sono davvero sotto pressione e questo aggiunge stress alla mia giornata. Fammi pensare. Cosa potremmo fare per rispettare comunque la scadenza? Beh, forse posso provare a far girare il programma su server separati per velocizzare il processo e chiedere anche a qualcuno del team di aiutarmi.

Manager: Ottima idea. Quali vantaggi potresti avere?

Isabelle: Penso che farlo girare su quattro server contemporaneamente ridurrebbe il tempo a circa venti-trenta minuti ciascuno. Così, scoprirò molto più velocemente quali errori vengono fuori e potrò dedicarmi a risolverli mentre faccio girare altro codice. Penso che anche David potrebbe aiutarmi, se va bene per lui.

Manager: Certo, sono d'accordo che David ti aiuti. Di cosa hai bisogno per accedere agli altri tre server?

Isabelle: Se dai l'autorizzazione e invii una richiesta all'IT, lo metto subito in piedi.

Manager: Nessun problema, lo faccio questa mattina. Ora, prima che tu vada, lascia che ti chieda, c'è altro che potrebbe impedirti di finire entro la scadenza? (Responsabilità)

Isabelle: Beh, devo andare via alle cinque per prendere mio figlio a scuola tutti i giorni. Ultimamente non si comporta molto bene, ha bisogno della mia attenzione, e non riesco a lavorare molto da casa.

Manager: Oh, mi dispiace, dev'essere difficile. Cosa possiamo fare per aiutarti?

Isabelle: Beh, David potrebbe non avere abbastanza tempo per me e i server potrebbero non essere disponibili. Se è così, contatterò direttamente il responsabile dei server e chiederò una soluzione alternativa. E forse coinvolgerò anche Mary, supporto di riserva. Così, se non riesco a lavorare da casa, potrebbe lavorarci lei qualche ora e fare comunque avanzare il progetto.

Manager: Fantastico, Isabelle. Apprezzo il modo in cui prendi l'iniziativa e trovi soluzioni ai tuoi ostacoli.

Anche se alcuni dettagli dell'accordo non sono ancora completamente definiti, hai notato che Isabelle, quando ha avuto la possibilità di proporre le sue soluzioni, ha condiviso molto meglio le sue idee? Ha anche rivelato qualcosa della sua vita privata che ha influenza sul suo lavoro. Ricorda che devi riconoscere gli sforzi di una persona ogni volta che le fai coaching. Farlo crea fiducia e comfort.

Queste conversazioni possono durare trenta minuti o essere più brevi, frequenti e improvvisate.

Pianificate o estemporanee che siano, il formato è lo stesso: fai domande, ascolta, sii curioso e fai altre domande per muovere il cliente all'azione.

Offri supporto e incoraggia i collaboratori a contattarti per parlare dei loro progressi. Quando li vedi avanzare verso i loro obiettivi, non dimenticarti di celebrarne successi, per quanto piccoli. È un risultato vantaggioso per tutte le persone coinvolte.

SECONDO ESEMPIO:
Coinvolgente e di ispirazione

Nel primo esempio, abbiamo visto come puoi fare coaching a qualcuno per aiutarlo a superare una situazione difficile e sviluppare soluzioni. E se volessi che la conversazione ispirasse qualcuno a crescere nella sua carriera o a prendere l'iniziativa nella sua formazione? E se fosse per aiutarlo a migliorare la sua vita personale e professionale?

Questa conversazione di coaching potrebbe avvenire in una revisione trimestrale, un incontro individuale o una chiacchierata con un amico o un familiare. A seconda del contesto, le parole potrebbero essere diverse, ma il processo è lo stesso in quanto applica i principi del modello di coaching.

Prima, per guidarli, dovrai avere un buon quadro di chi sono, cosa hanno realizzato, cosa li coinvolge e in cosa eccellono.

Manager: Isabelle, all'inizio dell'anno hai detto che volevi sviluppare migliori capacità comunicative e di leadership. Dimmi, perché è importante per te?

Isabelle: Beh, il mio team sta crescendo e sento che devo essere migliore nel gestirli.

Manager: OK. Quali sono i tuoi punti di forza e in quali aree pensi di poter migliorare?

Isabelle: Penso di essere brava a comunicare con le persone e a coinvolgerle a livello personale. Sono amichevole ed è facile coinvolgermi. Ma quando si tratta di dare direttive, temo di non essere presa sul serio, perché la maggior parte del mio team ha più anni di esperienza di me. Forse perché sono più giovane, ho l'impressione che non rispettino le mie idee.

Manager: Concordo che il team interagisce bene con te. Dimmi di più. È proprio vero che hai meno esperienza?

Isabelle: Beh, tendo a pensare che, poiché il mio team si occupa di queste cose da molto tempo, deve anche essere più competente.

Manager: OK, e quindi perché vengono a chiedere una mano?

Isabelle: Hmm, buona domanda. Forse, proprio perché hanno molti più anni di esperienza di me, cercano idee fresche e nuove indicazioni. A volte spiego loro come fare le cose diversamente e trarne vantaggio. Sono innovativa e appassionata di quello che faccio, e penso che apprezzino l'energia che porto.

Manager: Ottimo. Quindi, cosa ti dice tutto questo del tuo contributo al team e come potresti migliorare la comunicazione?

Isabelle: Beh, penso che abbia a che fare con credere in me stessa e in ciò che ho da offrire. Se lo tengo presente, mi presenterò con un atteggiamento diverso e apparirò molto più sicura.

Manager: Assolutamente sì. Andrà proprio così.

Isabelle: Sì, penso che mi sentirò anche più sicura, se lo tengo a mente.

Attraverso questo processo, stai rendendo il tuo cliente consapevole dei suoi conflitti interni e gli stai suggerendo come cambiare comportamento. Ora, possiamo chiedere a Isabelle come affronterebbe la sua crescita futura.

Manager: Quindi, Isabelle, cosa pensi di poter fare per superare queste sfide, se dovessero ricomparire?

Isabelle: Beh, per prima cosa penso che potrei seguire un corso su come costruire fiducia e assertività. So che ce n'è uno disponibile nella nostra biblioteca di formazione online. Poi, credo che dovrò iniziare ad applicare in modo regolare quello che imparo.

Manager: Ottimo. Sarebbe un buon modo per iniziare. Dimmi, come pensi potranno essere le conversazioni con il tuo team, diciamo, tra qualche mese, quando avrai acquisito più esperienza nell'uso di queste capacità?

Isabelle: Credo che sarò più assertiva e apprezzeranno il mio contributo e riconosceranno quanto posso contribuire al loro sviluppo, anche se sono molto più giovane. Penso che questo mi renderà ancora più connessa con loro e aprirà più porte e opportunità per il team.

Manager: Il tuo team diventerà davvero un posto fantastico in cui lavorare. Quindi, dimmi, quando inizierai a fare questi cambiamenti?

Isabelle: Cercherò le informazioni sul corso online domani e prevedo di iniziare questa settimana. Il processo per esercitare le nuove capacità e acquistare la giusta fiducia richiederà qualche mese, ne sono sicura, ma ci starò attenta.

Manager: Felice di sentirlo. Dimmi, Isabelle, come affronterai i contrattempi?

Isabelle: Beh, spero di poter parlare con te se incontro delle difficoltà. Ho anche un buon amico con cui mi sono confidata e mi è stato di grande aiuto. Quindi mi farò avanti anche con lui, se necessario.

Manager: Bene. E ti prego davvero di contattarmi in qualsiasi momento, se ne avrai bisogno.

Come vedi, non serve essere un genio fenomenale ed empatico per fare coaching. Basta che le domande fluiscano tranquille durante il dialogo, guidate principalmente dalla curiosità.

Nei miei seminari, quando chiedo alle persone come si comportano rispetto alle domande da fare, la maggior parte mi dà la stessa risposta: «Mi ritrovo a pensare alla prossima domanda da fare» o «Mi preoccupo di fare le domande giuste.»

Se è lo stesso per te, stai complicando troppo le cose e ragioni troppo. Ricorda, la chiave è lasciare che la tua curiosità naturale governi le domande.

A proposito, se ti sembra che una conversazione stia andando fuori tema, puoi reindirizzarla con un semplice «Aspetta. Penso che ci stiamo allontanando dalle priorità iniziali. Torniamo a quando stavamo discutendo di...»

Guidali semplicemente lungo il percorso. All'inizio, dovrai ricordare questi passaggi, ma lentamente, man mano che diventerai un coach migliore, acquisirai esperienza, e tutto diventerà per te una seconda natura.

Esempi di Domande di Coaching

Ecco alcune domande che puoi utilizzare per prendere familiarità con il processo di coaching. Con un po' di pratica, diventerà più facile e non avrai bisogno di ricordartele.

PASSO 1: Stabilire lo scopo

Prima di tutto, devi definire e concordare reciprocamente l'obiettivo di performance o il risultato. Domande utili di coaching per definire gli obiettivi di performance includono:

- Cosa speri, a seguito della nostra conversazione, di poter fare di più, di meno o in modo diverso?
- Come sarai in grado di misurare il successo rispetto al tuo obiettivo di performance?
- Su cosa vuoi concentrarti?
- Cosa vorresti che succedesse tra noi oggi?
- Cosa sta succedendo in questo momento?
- Come vivi questo momento?
- Cosa vuoi o hai bisogno di ottenere da questa conversazione?
- Come si collega ciò che stai dicendo a questo problema?
- Di cosa parla veramente questa conversazione?

- Ti ho sentito menzionare cose diverse: su quale cosa vuoi lavorare adesso?
- Cosa è più importante di tutto ciò che stai dicendo?
- Perché è importante questo problema?
- Qual è il tuo ruolo in questa questione?
- Dove ti senti bloccato?
- Qual è l'intento di ciò che stai dicendo?

PASSO 2: Esaminare le circostanze attuali

Chiedi al cliente di descrivere le proprie circostanze attuali. Accetta un'eventuale resistenza; lascia che le soluzioni emergano. Domande utili di coaching includono:
- Puoi descrivere la situazione attuale?
- Quali barriere reali esistono per completare con successo il tuo obiettivo?
- Quali sono le conseguenze di questo problema per te e per il tuo team?
- Quali esperienze precedenti hai avuto nel tentativo di cambiare questo comportamento?
- Qual è la fonte della necessità di cambiare: è interna o esterna?
- Dove ti trovi ora rispetto a ciò che devi realizzare?
- Cosa sta accadendo in questo momento, che vorresti cambiare?
- Quali altre prospettive potrebbero esserci?
- Come vedrebbe questa situazione qualcun altro?
- Cosa devi fare per cambiare prospettiva?
- Cosa potresti non vedere?
- Qual è l'obiettivo finale desiderato?

- Come ti appare il successo?
- Cosa comporterà il cambiamento?
- Cosa speri di realizzare? Quale impatto desideri?
- Dove stai realmente andando con questo? Come sarà quando tu...
- Se potessi fissare un obiettivo riguardo a questo, quale sarebbe?
- Qual è il risultato finale che stai cercando di raggiungere?
- Qual è l'obiettivo di tutta questa situazione?
- Hai già vissuto qualcosa del genere? Cosa hai fatto? Come è andata?

PASSO 3: Riconoscimento

Ecco alcuni esempi di come puoi riconoscere ciò che sta accadendo e dare riscontro alle emozioni del tuo cliente. Sostituisci la parola (*Situazione*) con ciò che hai ascoltato nella parte delle Circostanze del dialogo di coaching. Sostituisci la parola (*Sentimento*) con l'emozione condivisa (ad es., stanco, arrabbiato, frustrato, deluso, stressato). Ad esempio, nel primo punto qui sotto sarebbe: «Considerando la quantità di lavoro che stai gestendo (*Situazione*), non c'è da meravigliarsi se ti senta stanco e frustrato (*Sentimento*).

- Considerando che (*Situazione*) è accaduta, non c'è da meravigliarsi se ti senti (*Sentimento*).
- Mi hai detto che (*Situazione*) è accaduta. Sembra davvero (*Sentimento*).
- Chiunque sarebbe (*Sentimento*) se (*Situazione*) fosse accaduta.

- Nessuno può incolparti per sentirti (*Sentimento*).
- Può essere molto (*Sentimento*) quando (*Situazione*) accade. È perfettamente normale!
- In base ai tuoi valori, non sorprende che ti senta (*Sentimento*).
- Beh, chi non si sentirebbe (*Sentimento*)?!
- Chiunque abbia vissuto (*Situazione*) si sentirebbe (*Sentimento*)!
- Chiunque al tuo posto si sentirebbe ugualmente (*Sentimento*)!
- Accidenti, ti senti (*Sentimento*)! Hai passato (*Situazione*)!

PASSO 4: Esplorare le opportunità future

Esplora le cose che è possibile fare. Permetti alla persona cui fai coaching di parlare di più. Provoca una "conversazione sul cambiamento" per aumentare la motivazione, la fiducia e l'impegno verso specifiche modifiche comportamentali. Domande utili di coaching per esplorare le opportunità includono:

- Quali sono i risultati positivi per mantenere il cambiamento comportamentale?
- Quali sono le attuali "forze motrici" per cambiare comportamento?
- Quali vantaggi ci saranno nel realizzare con successo il tuo obiettivo di performance?
- Quali opzioni finali possiamo valutare?
- Quale opzione sembra la migliore in questo momento?

- Come puoi suddividere in parti gestibili le attività da fare?
- Quali sono le possibilità, come le vedi?
- Come vedi il percorso verso cui vuoi andare?
- Quali altri modi ci sono per arrivarci?
- Cosa deve accadere per ottenerlo?
- Come puoi rendere le cose più facili?
- Come supererai gli ostacoli?
- Se raggiungi questo obiettivo, quali saranno i benefici per te, per noi, per la nostra organizzazione?
- Di cosa hai bisogno di più: competenze, informazioni, risorse, supporto, strumenti o motivazione?
- Quali altri percorsi potresti intraprendere?
- Una persona che ammiri, come credi che troverebbe il modo di fare accadere queste cose?
- Cosa succederebbe se ti muovessi più lentamente verso il tuo obiettivo?
- Immagina un momento futuro in cui il tuo problema è risolto. Come ci sei arrivato?

PASSO 5: Fai fare un riassunto della conversazione e chiedi che si impegnino nei prossimi passi

Il passo finale come coach è ottenere l'impegno per azioni specifiche ed esplorare strategie per evitare ricadute. Per fare ciò, concludi la conversazione aiutandoli a prendersi la responsabilità di quello che faranno.

Domande utili di coaching per facilitare la responsabilizzazione sono:

- Quando sei pronto a cominciare?

- Quali sono i primi passi e i passi successivi che intraprenderai?
- Cosa potrebbe impedirti di continuare l'impegno su questi comportamenti? Come supererai tale ostacolo?
- Verso chi ti sentirai responsabile?
- Da dove devi iniziare?
- Cosa deve cambiare affinché qualcosa di diverso accada?
- Cosa non hai ancora provato che potrebbe aiutare?
- Quali opzioni possiamo esaminare?
- Come puoi suddividere il tutto in parti gestibili?
- Come vedi il percorso che vuoi intraprendere?
- Quali altri modi ci sono per arrivarci?
- Di che supporto hai bisogno: manager, colleghi, famiglia o amici?
- Di quali informazioni hai bisogno?
- Cosa farebbe qualcuno che ammiri nella tua situazione?
- Cosa puoi fare prima del prossimo incontro?
- Cosa farai? Chi compirà quell'azione?
- Entro quando farai questo?
- Che aspetto avrà, una volta fatto?
- Come saprai che è davvero stato fatto?

Riferimenti e Risorse

1. Allen, J. (2021). *As a Man Thinketh: A Book That Will Help You to Help Yourself*. Independently published.

2. Berger, G. J. (2019). *Unlocking Leadership Mindtraps: How to Thrive in Complexity* (1st ed.). Stanford Briefs.

3. Brown, B. (2018). *Dare to Lead: Brave Work. Tough Conversations. Whole Hearts.* Random House.

4. Burns, D. D. (1999). *Feeling Good: The New Mood Therapy*. William Morrow.

5. Carnegie, D. (2021). *How to Win Friends and Influence People* (100th ed.). Simon & Schuster.

6. Chamine, S. (2012). *Positive Intelligence: Why Only 20% of Teams and Individuals Achieve Their True Potential and How You Can Achieve Yours* (1st ed.). Greenleaf Book Group Press.

7. Covey, S. (2020). *The 7 Habits of Highly Effective People: Guided Journal (Goals Journal, Self-Improvement Book)* (Anniversary ed.). FranklinCovey.

8. David, S. (2016). *Emotional Agility: Get Unstuck, Embrace Change, and Thrive in Work and Life* (First Edition). Avery.

9a. Goleman, D., & Whitener, B. (2005). *Emotional Intelligence, 10th Anniversary Edition*. Random House.

9b. Goleman, D (2011). Intelligenza emotiva. Rizzoli.

10a. Goleman, D (2006). *Social Intelligence: The New Science of Human Relationships.* Bantam.

10b. Goleman, D (2007). Intelligenza sociale. Rizzoli

11. Heath, D. (2020). *Upstream: The Quest to Solve Problems Before They Happen* (Illustrated ed.). Avid Reader Press / Simon & Schuster.

12. Lencioni, P. (2002). *The Five Dysfunctions of a Team.* Jossey-Bass.

13. Lyubomirsky, S. (2013) The Myths of Happiness: What Should Make You Happy, but Doesn't, What Shouldn't Make You Happy, but Does. Penguin Books.

14. Lyubomirsky, S. (2007) The How of Happiness: A New Approach to Getting the Life You Want. Penguin Books.

15. Frankl, V. E. (1997). *Man's Search for Meaning.* (2021). Pocket Books; Revised Updated edition.

16.Riopel, L. (2021). *15 Most Interesting Self-Compassion Research Findings.* https://positivepsychology.com/self-compassion-research

17. Chen, S. (2018). *Give Yourself a Break: The Power of Self-Compassion.* Harvard Business Review. https://hbr.org/2018/09/give-yourself-a-break-the-power-of-self-compassion

18. Breines J. G. Chen S. (2012). *Self-Compassion Increases Self-Improvement Motivation.* Psychology Medicine.

19. Anderson, R. Adams, W. (2015) *Mastering Leadership: An Integrated Framework for Breakthrough Performance and Extraordinary Business Results.* Wiley.

20. Hendricks, G. (2010). *The Big Leap: Conquer Your Hidden Fear and Take Life to the Next Level*. HarperCollins.

21. Goulston, M. (2015). *Just Listen: Discover the Secret to Getting Through to Absolutely Anyone*. AMACOM.

22. Itzchakov, G. Kluger, A. (2018) *The Power of Listening in Helping People Change*. Harvard Business Review.

23. Berger, G. J. (2019). *Unlocking Leadership Mindtraps: How to Thrive in Complexity*. Stanford Briefs.

24. Steindl C. et al. (2015) *Understanding Psychological Reactance*. Zeitschrift fur Psychologie.

25. Miller, W. (2012) *Motivational Interviewing*. psychotherapy.net

26. Baird, A.D. et al. *Mirror neuron system involvement in empathy: A critical look at the evidence*. https://www.tandfonline.com/doi/abs/10.1080/17470919.2010.547085.

27. Kotler, S. (2020. *Frequently Asked Questions on Flow*. stevenkotler.com.